50 PROCÈS INSOLITES

LORSQUE LA JUSTICE RENCONTRE L'ABSURDE

OMAR MERFEDJ

PROLOGUE

Au cœur de la société humaine, le tribunal se dresse comme le théâtre ultime de la justice. Mais parfois, ses scènes sont davantage dignes d'une comédie que d'un drame sérieux. Il existe des moments dans l'histoire judiciaire où l'étrange rencontre le sérieux, où l'absurde côtoie le solennel, et où la lettre de la loi est mise à l'épreuve par les curiosités de la réalité.

Cette œuvre vous transporte à travers les siècles et les continents, explorant des procès qui ont marqué l'Histoire non par leur gravité, mais par leur singularité. Des affaires où des insectes deviennent les principaux accusés aux jugements qui ressemblent davantage à des punitions d'école qu'à de véritables sanctions judiciaires, chaque récit dévoile les nuances, les paradoxes et parfois les comédies inattendues de notre système judiciaire.

"50 Procès Insolites" n'est pas seulement un recueil d'anecdotes judiciaires. C'est une célébration de l'ingéniosité humaine, de notre capacité à s'adapter, à débattre et à chercher la justice, même lorsque les circonstances défient toute logique.

Car oui, le système judiciaire, aussi vénéré soit-il, n'est pas à l'abri des caprices du destin, ni des décisions qui font lever un sourcil d'incrédulité. Si vous pensiez que la justice était toujours une affaire sérieuse, préparez-vous à découvrir son côté plus... disons, excentrique.

Découvrez ces histoires qui oscillent entre l'absurde et le sublime, qui nous rappellent que, même au sein de la plus grande des institutions, parfois l'humour (même involontaire) trouve toujours sa place.

Bonne lecture.

TABLE DES MATIERES

LES INSECTES DE VALENCE

Dans le pittoresque bourg de Saint-Julien, situé sur la route de Mont-Cenis, une affaire judiciaire aussi insolite qu'extraordinaire a éclaté en 1545. Connue pour la qualité de ses vignobles, cette région a été le théâtre d'un drame inattendu qui met en scène... des insectes. Oui, vous avez bien lu : des insectes.

Au printemps de cette année-là, les vignes, qui étaient la fierté de la localité et la source de sa prospérité, furent assaillies par une armée de larves dévastatrices. Les descriptions des coupables variaient selon les témoins : lisettes, bêches, hurebecs, amblevins, et d'autres termes aussi étranges qu'indistincts. Pour simplifier, les villageois les qualifiaient de "bêtes brutes" ou simplement de "chenilles". Quelle que soit leur identité exacte, ces petites créatures étaient devenues l'ennemi public numéro un.

Les villageois, dans un élan de désespoir, décidèrent d'emprunter une voie pour le moins atypique : ils portèrent l'affaire devant les tribunaux. Et nous ne parlons pas ici d'une simple demande de dédommagement ou d'une injonction d'éradication. Non, ils voulaient que ces insectes soient jugés, et si possible, excommuniés!

L'évêque de la région fut le premier à être saisi de cette affaire inédite. Comme il s'agissait d'une affaire touchant la vie quotidienne des particuliers, les tribunaux épiscopaux étaient traditionnellement compétents. Reconnaissant la gravité de la situation, l'évêque nomma deux avocats d'office, Maître Falcon et Maître Morel, pour défendre ces minuscules accusés.

La tâche s'annonçait complexe. Comment accuser, et surtout comment juger, des insectes si l'on ne pouvait même pas les identifier précisément ? Pour résoudre ce problème épineux, un clerc fut désigné avec la mission cruciale de déterminer quels insectes exactement étaient coupables. Mais, comme souvent avec la bureaucratie, les choses ne progressèrent pas aussi rapidement que souhaité.

Pendant que le temps s'écoulait, les insectes continuaient leur festin, aggravant la crise. La patience des villageois fut mise à rude épreuve. Les mois passèrent, l'été s'évapora et l'automne arriva. Les récoltes furent perdues et un sentiment de résignation s'installa.

Cependant, les insectes, sans doute inconscients de la controverse juridique qu'ils avaient déclenchée, ne s'arrêtèrent pas là. En 1587, ils revinrent avec une appétence renouvelée, peut-être en tant que descendants des premiers envahisseurs ou simplement poussés par un instinct insatiable. Les villageois, désespérés, se tournèrent à nouveau vers l'évêque pour obtenir justice. Et une fois de plus, l'église nomma deux avocats, cette fois-ci les Sieurs Filiol et Rambaud, pour défendre ces nuisibles.

La première audience fut fixée au 6 juin 1587. La salle d'audience était comble, l'atmosphère tendue. Chaque mot prononcé semblait peser lourd dans la balance de la justice. Les débats furent passionnés, mêlant théologie, droit et émotion brute.

Messire Bertrand, représentant la partie plaignante, monta en premier à la barre. Avec une éloquence palpable, il déclara : "Ces charançons pillent nos vignes sans droit ni titre. Ils détruisent le fruit de notre labeur et bafouent le don divin qui nous a été accordé ! Ce sacrilège doit être puni par la peine la plus sévère : l'excommunication."

La salle était en émoi. Des murmures d'approbation se firent entendre parmi les villageois. Tous les regards se tournèrent alors vers l'avocat de la défense, Me Rambaud. Sa tâche semblait insurmontable.

Avec un calme déconcertant, Me Rambaud commença sa plaidoirie en rappelant que ces insectes, tout comme les humains, étaient des créatures de Dieu. "Toutes choses, y compris ces amblevins, sont l'œuvre du Créateur. En les chassant, on s'oppose à la volonté divine," déclara-t-il. Tout en reconnaissant que son argument était courant dans de telles affaires, il l'approfondit en citant la Genèse, rappelant que ces insectes avaient été créés avant l'homme et qu'ils avaient donc des droits ancestraux sur la terre.

L'audience était captivée. L'avocat de la défense fut interrompu à plusieurs reprises par l'accusation, qui brandissait d'autres passages de la Genèse affirmant la domination de l'homme sur tous les animaux. Me Rambaud, cependant, ne se laissa pas déstabiliser. Il argumenta que les insectes, en dévorant les vignes, n'étaient que des créatures sans esprit suivant leur nature, et qu'ils ne commettaient aucun acte blasphématoire.

Devant la complexité de l'affaire, le tribunal décida de reporter le jugement. Les parties furent encouragées à trouver un compromis. Les villageois, cherchant une solution pacifique, proposèrent d'offrir aux insectes un terrain à l'orée du bois de Claret, espérant qu'ils y trouveraient refuge et nourriture. Toutefois, dans un rebondissement inattendu, Me Rambaud refusa l'offre, jugeant le terrain trop stérile et sec pour ses clients.

Les audiences se poursuivirent. Les débats s'intensifièrent. Les enjeux étaient énormes : une récolte entière était en jeu et la foi des villageois en la justice était mise à l'épreuve. Enfin, le 20 décembre, le jugement devait être rendu. Mais, dans un twist digne d'une tragédie grecque, le verdict final ne fut jamais connu. Les archives, qui avaient fidèlement relaté chaque détail de cette saga, s'arrêtèrent brusquement. Les souris des greniers épiscopaux, dans un ultime acte d'ironie, avaient dévoré la dernière page du dossier.

Ainsi, cette affaire extraordinaire, débutée en fanfare, s'est terminée dans le mystère le plus total. Si une morale devait être tirée de cette histoire, ce serait peut-être que, avant d'engager des poursuites judiciaires, il est préférable de s'assurer que ses archives sont bien à l'abri... des petites bêtes affamées !

FACTURE ASTRONOMIQUE DE LA NASA

Les péripéties judiciaires auxquelles nous sommes habitués sur notre bonne vieille Terre peuvent parfois sembler banales. Mais imaginez un instant devoir payer des frais de stationnement... sur un astéroïde. Cette idée, aussi folle qu'elle puisse paraître, a été sérieusement débattue devant un tribunal américain, et la NASA, l'une des agences spatiales les plus prestigieuses au monde, s'est retrouvée au cœur de cette querelle interstellaire.

Tout commence en février 1996, lorsque la NASA lance la sonde Near Earth Asteroid Rendezvous (NEAR) en direction de l'astéroïde 433 Éros. Ce géocroiseur, un astéroïde évoluant à proximité de la Terre, n'est pas un objectif aisé à atteindre. La sonde spatiale mettra quatre longues années avant de parvenir à destination.

Mais voilà, un certain Greg Nemitz, se décrivant comme un "activiste spatial", a une idée audacieuse, voire téméraire. Avant même que la sonde NEAR ne touche l'astéroïde, Nemitz utilise une subtilité du droit américain pour revendiquer la propriété de 433 Éros. Sa logique est simple, presque enfantine : puisque personne n'avait jusque-là revendiqué cet astéroïde, découvert en 1988, pourquoi ne pas le faire lui-même ?

Armé de sa revendication, Nemitz observe avec anticipation le jour où la NASA poserait sa sonde sur "son" astéroïde. Et lorsque cet événement se produit en 2001, Nemitz ne perd pas de temps. Avec un aplomb inégalé, il envoie une facture à la NASA pour le stationnement de leur sonde sur la "zone 29" de son prétendu parking cosmique. Pour appuyer sa demande, il utilise même les images produites par la sonde pour montrer à l'agence spatiale qu'elle s'était "garée" sur une place réservée.

La somme réclamée par Nemitz est dérisoire : 20 centimes par an, pour une durée de 100 ans, soit un total de 20 dollars pour le siècle. Pourtant, derrière cette somme modique se cache un enjeu juridique colossal : celui de la propriété privée dans l'espace.

Nemitz base sa revendication sur le 5ème Amendement de la Constitution américaine, qui garantit le droit de propriété et prévoit une compensation financière en cas d'utilisation publique d'un bien privé. Selon lui, la NASA utilise un "bien" qui lui appartient, et doit donc le dédommager.

Cependant, l'État américain riposte en invoquant l'article 2 du Traité de l'espace de 1967. Ratifié par plus de 120 États, ce traité établit le principe de non-appropriation, selon lequel aucun État ne peut revendiquer la propriété d'un corps céleste, qu'il s'agisse de la Lune, d'un astéroïde ou d'une autre planète.

La NASA, avec tout le sérieux et la rigueur qu'on lui connaît, répond à cette facture sidérale par courrier dès 2001. Elle souligne que la revendication de propriété par un individu sur un astéroïde n'a aucune base légale. La NASA rappelle que contrairement aux droits sur les ressources des fonds marins, qui ont été débattus et acceptés par le Congrès américain, aucune loi similaire n'existe concernant les ressources spatiales.

Pour enfoncer le clou, en 2003, le Département d'État, responsable des relations internationales des États-Unis, intervient. Dans une lettre adressée à Nemitz, le Département réaffirme que la propriété privée d'un astéroïde est en contradiction avec le Traité de l'espace. En d'autres termes, Nemitz n'a pas le droit de réclamer l'astéroïde comme sien.

Mais Nemitz, loin d'être découragé, décide de porter l'affaire devant le tribunal fédéral du Nevada. Il est déterminé à défendre son "droit" sur cet astéroïde. Pourtant, le verdict ne tourne pas en sa faveur. Le tribunal conclut que le Traité de l'espace, bien qu'adressé formellement aux États, "ne crée aucun droit justifiant l'appropriation privée par Nemitz des astéroïdes". En clair, il ne peut pas revendiquer 433 Éros comme sa propriété privée.

Têtu comme une mule (ou serait-ce comme un astéroïde ?), Nemitz fait appel de cette décision. Cependant, une fois encore, il essuie un refus. Les motifs avancés par le tribunal d'appel sont identiques à ceux des premiers juges.

Et pendant ce temps, la sonde NEAR continue de stationner, sans se soucier du moindre frais de parking, sur 433 Éros, à des millions de kilomètres de la Terre et des tribunaux terrestres. Elle semble narguer à la fois Nemitz et les complexités du système judiciaire.

ARTICHOC JUDICIAIRE

Dans les méandres judiciaires du Comté de Miami Dade, en Floride, il se trouvait un dossier qui allait devenir la légende des couloirs du 11ème Circuit Judiciaire. Le cas numéro 10-57757 CA 03, connu dans le milieu judiciaire sous le sobriquet de "l'Affaire Artichaut", a marqué la carrière de nombreux avocats. Le demandeur, un certain Arturo Carvajal, avait décidé de poursuivre le Hillstone Restaurant Group, Inc., opérant sous le nom de Houston's Restaurant, et son directeur général, Andrew Yaeger. La raison ? Un incident qui avait transmuté une simple sortie au restaurant en un cauchemar chirurgical.

Arturo était un homme simple avec des goûts simples. Cependant, le 3 mai 2009, sous le ciel clément de Floride, il décida de franchir les portes du Houston's Restaurant pour un dîner d'affaires. À son arrivée, il fut accueilli par une ardoise de spécialités du jour. L'un des plats attira son attention : les "Artichauts grillés". Intrigué, et n'ayant jamais entendu parler de cette délicatesse auparavant, Arturo décida de les commander. Le serveur, avec un sourire professionnel, nota sa commande sans fournir d'instructions supplémentaires sur la manière de consommer cet énigmatique légume.

Lorsque le plat arriva à sa table, les artichauts grillés ressemblaient à une offrande divine. Sans plus tarder, Arturo se mit à dévorer le plat, mâchant avec un enthousiasme innocent chaque feuille sans distinction. La décoration florale du plat semblait tout à fait comestible, du moins, c'est ce qu'Arturo supposait. Peu de temps après, le malheur s'abattit sur notre héroïque gourmand. Une douleur aiguë transperça son abdomen, le conduisant à l'hôpital où une laparotomie exploratoire révéla la présence de feuilles d'artichaut dans son intestin grêle.

La plainte qui s'ensuivit était un chef-d'œuvre de rhétorique juridique, plaidant que le Houston's Restaurant et son directeur, Andrew Yaeger, avaient manqué à leur devoir de diligence en omettant d'informer Arturo sur la manière correcte de consommer un artichaut. Les avocats de Arturo, de la firme Mandina & Ginsberg, LLP, détaillaient avec une précision chirurgicale comment l'omission de cette information cruciale avait conduit à la souffrance, à la défiguration, à l'angoisse mentale, et à une montagne de frais médicaux pour leur client. Le document exigeait un jugement en dommages-intérêts, des frais taxables et un procès devant jury.

Ce n'était pas seulement une attaque contre un restaurant ou son directeur, c'était une mise en accusation de chaque artichaut mal informé servi sur une assiette en Floride. L'affaire devenait la risée de la communauté juridique, chacun attendant avec impatience la manière dont la Cour du 11ème Circuit Judiciaire trancherait dans le vif de ce légume litigieux. Les journaux locaux se régalèrent de l'affaire, la baptisant "l'Affaire Artichaut" et chaque détail croustillant était disséqué dans les colonnes des journaux et sur les ondes des stations de radio.

Tandis que les défendeurs rassemblaient une équipe d'avocats chevronnés pour contrer les allégations, Arturo se préparait pour le combat de sa vie, un combat qui allait, espérait-il, faire jurisprudence pour chaque futur consommateur d'artichaut mal averti.

PLAINTE CONTRE LE FILS SANS ENFANTS

Dans la vieille ville d'Haridwar, baignée par le sacré fleuve Gange, la vie se déroulait paisiblement sous le doux soleil de l'Inde. Toutefois, une affaire étrange était sur le point d'ébranler la tranquillité de cette communauté ancrée dans la tradition. Sanjeev et Sadhana Prasad, un couple d'âge mûr, étaient sur le point de devenir la coqueluche de la presse nationale et de provoquer un tourbillon de discussions dans la petite ville.

Ils étaient parents d'un fils unique, Shrey Sagar, un jeune homme que, selon les normes locales, ils avaient gâté au-delà du raisonnable. Sanjeev avait puisé dans toutes ses économies pour envoyer Shrey étudier aux États-Unis, dans une école prestigieuse d'aviation. C'était un investissement, un rêve, une extension de leurs aspirations en lui. Le jeune homme avait fait ses études, était revenu en Inde, et après quelques turbulences professionnelles, avait finalement trouvé un emploi en tant que pilote. Jusque-là, tout semblait aller pour le mieux.

Le mariage était la prochaine étape logique. Les Prasad, fidèles aux traditions, avaient arrangé le mariage de leur fils avec Shubhangi Sinha, une jeune femme issue d'une bonne famille. Ils avaient dépensé sans compter pour le grand jour, organisant une réception somptueuse dans un hôtel cinq étoiles, offrant aux jeunes mariés une lune de miel en Thaïlande et même une voiture de luxe. C'était leur don d'amour, mais aussi, peut-être inconsciemment, un investissement pour l'avenir qu'ils envisageaient : celui de devenir grands-parents.

Mais plus de six années passaient et le doux bruit des rires d'enfants ne venait pas égayer leur foyer. La frustration s'accumulait, les discussions autour des dîners de famille devenaient de plus en plus tendues. Les Prasad ne comprenaient pas la réticence de leur fils et de leur belle-fille à leur donner un petit-enfant. N'était-ce pas la suite logique des choses ? N'était-ce pas leur droit en tant que parents ?

La pression de la société et leurs propres attentes créaient une fissure dans la relation autrefois chaleureuse entre eux et leur fils. Ils étaient désespérés et se sentaient trahis. Leur patience s'était érodée avec le temps, chaque rencontre avec des amis devenait un rappel cruel de ce qu'ils n'avaient pas, de ce qu'ils désiraient ardemment.

Finalement, la coupe déborda. Ils décidèrent de porter l'affaire devant les tribunaux, en mai 2022. C'était une décision inouïe, une qui fit les gros titres des journaux et embrasa les discussions dans les chaumières. Ils réclamaient 650 000 dollars, une somme exorbitante, à leur fils pour le « harcèlement moral » qu'ils subissaient. Leur avocat plaidait que c'était le rêve de tous les parents de devenir grands-parents, une affirmation qui, bien que vraie, n'avait jamais été testée dans le cadre juridique.

L'affaire était sans précédent. Les Prasad étaient-ils en train de franchir une limite ou simplement de chercher justice dans une société qui valorisait tant la famille et la descendance ? Le débat faisait rage dans la communauté, certains sympathisant avec le couple, d'autres outrés par leur démarche.

La date de l'audience arriva rapidement et le tribunal de Haridwar n'avait jamais connu une affluence pareille. Les médias nationaux étaient là, les caméras étaient braquées sur le couple Prasad qui, malgré l'évidence de leur douleur, affichait une détermination stoïque.

L'argumentaire de leur avocat était simple : les Prasad avaient investi leur vie et leur fortune dans l'avenir de leur fils, dans l'attente de la joie simple mais profonde de devenir grands-parents. Ils avaient même arrangé son mariage, financé sa vie dans l'espoir de voir leur lignée se perpétuer. La « cruauté mentale » résidait dans l'indifférence de leur fils et de leur belle-fille à leur désir le plus cher.

De l'autre côté, Shrey et Shubhangi, quoique pris dans une situation absurde, défendaient leur droit à la vie privée, leur choix de ne pas avoir d'enfant à ce stade de leur vie. Ils étaient confrontés à l'énorme poids des attentes culturelles et familiales, un poids qui maintenant menaçait de les écraser sous l'égide de la loi.

La salle d'audience était silencieuse lorsque Sanjeev Prasad prit la parole. Il parla de son rêve de jouer avec son petit-enfant, de voir son fils embrasser la paternité, de voir sa lignée se prolonger. Sadhana

Prasad, à son tour, exprima sa douleur de voir leurs amis entourés de petits-enfants, tandis qu'ils rentraient dans une maison silencieuse.

Les arguments étaient émouvants, mais étaient-ils légitimes aux yeux de la loi ? L'affaire soulevait des questions profondes sur la liberté individuelle, les obligations familiales et la tension entre tradition et modernité.

L'affaire captiva l'Inde entière, chacun y voyant un reflet de la complexité sociale de la nation. Les discussions s'intensifièrent autour des droits des parents et des enfants, de l'individualité face à la collectivité.

Finalement, le verdict tomba. Les juges, après avoir pesé les arguments, exprimèrent une sympathie pour la douleur des parents mais rappelèrent l'importance du respect de la liberté individuelle. L'affaire fut rejetée, laissant les Prasad dans un tourbillon d'émotions, la douleur, la déception, mais peut-être une clarté sur la vie moderne et les attentes traditionnelles.

Shrey et Shubhangi sortirent du tribunal, les épaules un peu plus légères, mais avec une relation fracturée avec ceux qui les avaient mis au monde. La presse se dispersa, les discussions se calmèrent, mais l'écho de l'affaire Prasad résonnait encore, laissant derrière lui un miroir dans lequel la société indienne pouvait voir ses propres contradictions et changements.

Et quelque part au milieu de tout cela, la vie continuait à Haridwar, les eaux du Gange continuaient de couler, témoignant silencieusement des turbulences des temps modernes dans le cœur ancien de l'Inde.

CONDAMNE A RESTER EN ISRAËL JUSQU'EN 9999

Ah, le 31 décembre 9999, une date que beaucoup d'entre nous ont inscrite dans nos agendas, n'est-ce pas ? Pour Noam Huppert, c'est plus qu'un simple rappel sur un calendrier, c'est une réalité judiciaire ciselée dans le marbre légal israélien. Son erreur ? Avoir épousé et, par la suite, divorcé d'une Israélienne.

Noam, un chimiste analytique australien de 44 ans, vivait tranquillement son rêve australien, jusqu'à ce que l'amour le mène vers les rives lointaines d'Israël en 2011. Suivant son ex-épouse et ses enfants, il voulait maintenir l'unité familiale, ignorant que cette décision allait l'entraîner dans un tourbillon judiciaire aux saveurs kafkaïennes. La mère, native d'Israël, décidait de retourner dans son pays natal avec leurs deux enfants, alors âgés de trois mois et cinq ans. Noam, en bon père, les rejoignait l'année suivante, transplantant ainsi sa vie en Israël.

Son histoire se corse en 2013, quand l'ex-épouse, profitant des lois localement avantageuses, décide de porter leur affaire de divorce devant les tribunaux israéliens. Sans trop de surprise, le tribunal, muni de son chapeau de bienfaiteur, décrète que Noam devra verser une pension alimentaire de 5 000 shekels (plus de 1150 €) par mois et par enfant, jusqu'à ce que ces derniers atteignent l'âge de 18 ans. La somme totale frôle les 2 millions d'euros, une coquette somme qui laisse Noam sur le carreau.

Mais attendez, ce n'est pas tout. L'élément de résistance dans ce drame judiciaire, c'est la date du 31 décembre 9999. Vous pourriez vous dire que c'est une blague, ou peut-être une erreur typographique, mais non. Le tribunal, dans une approche qui frise la fantaisie légale, condamne Noam est interdit de sortie du territoire et devra rester en Israël jusqu'à cette date lointaine, à moins qu'il ne paie la somme complète. Et si vous vous demandez pourquoi pas jusqu'en l'an 10 000 ou plus, c'est simple : la date a été choisie en raison des contraintes du système informatique du tribunal, sinon la sentence aurait sans doute grimpé jusqu'à une centaine de milliers d'années. Une manière d'assurer que Noam resterait bien sur le sol israélien pour honorer ses obligations, du moins jusqu'à ce que la technologie judiciaire permette des peines encore plus longues.

La situation tragico-comique de Noam Huppert met en lumière les lacunes du système juridique israélien en matière de droit de la famille. Selon certaines critiques, il y a une discrimination flagrante envers les hommes, notamment les pères divorcés. L'année 2018 a vu le ministère des Finances révéler que 43% des pères divorcés refusaient de verser une pension alimentaire à leur ex-conjointe. Pourtant, un arrêt de la Cour suprême de 2017 a décidé que les pères ne devraient plus être seuls responsables de la pension alimentaire, surtout dans les cas où leurs ex-femmes gagnaient plus qu'eux. Mais il semble que le cas de Noam ait échappé à cette logique équitable.

Noam, de son côté, se voit comme un symbole d'une injustice plus grande. Selon lui, il a été persécuté par le système judiciaire israélien simplement en raison de sa nationalité australienne. Son cri du cœur résonne comme un avertissement pour d'autres étrangers qui pourraient se retrouver dans la même impasse légale. Il y aurait des centaines de citoyens australiens dans la même situation que lui, bien que le nombre exact demeure inconnu.

Marianne Azizi, une journaliste britannique indépendante, a également attiré l'attention sur l'ampleur du problème. Après avoir auto-publié un livre sur son expérience avec le système judiciaire israélien, elle a commencé à recueillir des témoignages de personnes dans la même situation. Ses investigations révèlent une réalité alarmante où les ordonnances de "sursis à la sortie" semblent être une tactique judiciaire courante en Israël, en particulier dans les affaires de divorce impliquant des citoyens étrangers.

Noam Huppert reste donc coincé en Israël, un pays qui, pour lui, est devenu une prison à ciel ouvert, jusqu'à ce qu'il puisse réunir la somme astronomique exigée ou jusqu'à l'arrivée du 31 décembre 9999, selon la première éventualité. Il travaille comme chimiste analytique pour une société pharmaceutique, sans pouvoir quitter le pays, même pour des vacances ou pour le travail, sa vie est en pause, en attendant que justice soit faite.

Mais comme le dit l'adage, la justice est aveugle. Dans le cas de Noam, elle semble aussi avoir perdu le sens du réel... et du temps.

ŒIL POUR ŒIL, CHEVEUX POUR CHEVEUX

Dans l'arène judiciaire de Price, Utah, un tableau dignement extrapolé d'un script hollywoodien se déroulait sous les regards médusés des spectateurs. Le magistrat des affaires juvéniles, Scott Johansen, a tendu à Valerie Bruno, une mère prise dans les filets de la justice, une offre qu'elle ne pouvait dédaigner. Sa progéniture de 13 ans, Kaytlen Lopan, avec un minuscule comparse, avait coupé la crinière d'un bambin de 3 ans dans un McDonald's. Le juge Johansen, dans un élan inspiré par la loi du Talion, œil pour œil, dent pour dent, suggéra d'alléger la détention de Kaytlen si Valerie consentait à raccourcir la chevelure de sa fille séance tenante, dans cette enceinte judiciaire.

Valerie Bruno, coincée entre le marteau impitoyable de la justice et l'enclume de l'amour maternel, opta pour les ciseaux. Elle acquiesça à la proposition du juge, et trancha les tresses de Kaytlen, sous l'œil approbateur de Mindy Moss, la génitrice du bambin aux cheveux désormais élagués. Cependant, le juge Johansen, probablement critique capillaire à ses heures vagabondes, ne fut pas enchanté du premier essai et exigea de Valerie de "couper jusqu'à l'élastique". Une scène qui aurait pu susciter un sourire, si elle n'avait pas été si amèrement teintée d'injustice et de revanche.

Le jour de l'infamie, Kaytlen et son acolyte de 11 ans, dont l'identité demeura voilée, ourdirent un plan diabolique, digne des antagonistes les plus retors de l'animation. Ayant essuyé un refus pour des ciseaux par un serviteur de McDonald's, elles dénichèrent l'instrument de leur forfait dans une boutique à un dollar, et revinrent chez McDonald's pour perpétrer l'irréparable.

Les aveux de Kaytlen lors d'une audience antérieure n'avaient laissé aucune marge à l'incertitude, et le juge Johansen opta pour lui faire savourer la rigueur des textes. Trente jours de réclusion, des réparations pécuniaires aux victimes, et 276 heures de labeur communautaire, tel était le menu du jour pour Kaytlen. Mais le juge Johansen, en bon pédagogue, décida d'ajouter un zeste d'âme à cette peine. Il suggéra à Valerie Bruno de réduire de 150 heures le labeur communautaire de Kaytlen, si elle consentait à lui trancher la chevelure ici et maintenant. Une proposition que Valerie, après une hésitation compréhensible, accepta.

Le juge Johansen, intronisé à la magistrature en 1992, crut probablement offrir une leçon de vie à Kaytlen, en lui infligeant le même sort que sa victime. Une justice du talion qui semble égarée dans notre système judiciaire moderne. La scène, aussi surréaliste qu'elle puisse paraître, expose les limites d'un pouvoir judiciaire qui, dans une quête de justice expéditive, perd de vue les principes d'impartialité et d'humanité.

Valerie Bruno, ayant déposé une plainte officielle contre le juge, regrette amèrement son choix. "Œil pour œil, ce n'est pas comme ça qu'on apprend aux enfants le bien et le mal", a-t-elle déclaré. Une phrase qui résonne comme un rappel cinglant que la justice, lorsqu'elle est rendue avec un cœur de pierre, peut perdre son âme et son sens.

Dans le cas épineux qui nous occupe, la mécanique judiciaire, guidée par le principe d'une justice rétributive, s'est peut-être égarée. Le juge Johansen, sans doute animé par une volonté de réparation équitable, a néanmoins dépassé les limites de son mandat. En imposant une sanction capillaire en salle d'audience, il a emprunté une voie qui, bien que théâtralement juste, est juridiquement discutable.

L'amie de Kaytlen, âgée de 11 ans, a également été prise dans l'engrenage de cette justice capillaire. Elle a été ordonnée de se faire couper les cheveux, mais eut la "chance" de visiter un coiffeur pour l'exécution. Une clémence qui met en lumière l'arbitraire des décisions prises ce jour-là.

Valerie Bruno regrette amèrement d'avoir accepté le marché de Johansen. Elle réalise, avec le recul, l'importance d'être bien conseillée avant de franchir les portes d'une salle d'audience. "Je suppose que j'aurais dû me rendre dans la salle d'audience en connaissant mes droits, car je me sentais très intimidée", a-t-elle déclaré. Des mots qui résonnent comme un avertissement pour tous ceux qui, un jour, seront confrontés à la machine judiciaire.

Mindy Moss, la mère de la victime, se dit "satisfaite" de la sanction. "Pourquoi ne devrait-elle pas se faire couper les cheveux ? L'autre petite fille a dû se faire couper les cheveux. Cela correspond au crime", dit-elle. Un raisonnement simpliste qui, malheureusement, a trouvé un écho favorable chez le juge Johansen ce jour-là.

Le cas de Kaytlen Lopan et de sa mère nous rappelle que la justice, pour être respectée, doit être rendue avec sagesse et humanité. Quand la justice tente de répliquer la faute dans la sanction, elle risque de sombrer dans une vengeance déguisée, et de perdre ainsi sa noblesse et sa légitimité. Le juge Johansen, en cherchant à donner une leçon de vie à Kaytlen, a peut-être oublié que la justice, elle aussi, doit être impartiale et juste, même dans ses punitions.

LA TRUIE CONDAMNEE A MORT

L'hiver de 1386 à Falaise, en Normandie, fut marqué par un événement aussi insolite qu'effroyable. Le jour de Noël en 1385, une truie s'était introduite dans une maison, renversant le berceau d'un nourrisson qu'elle commença à dévorer au niveau du bras et du visage. L'enfant succomba malheureusement à ses blessures. Le fait divers se répandit comme une traînée de poudre à travers la localité, menant à l'arrestation de la truie qui fut jetée en prison en attente de son jugement.

À l'époque médiévale, les animaux étaient considérés comme des "êtres vivants créés par Dieu", dotés d'une âme et capables de distinguer le bien du mal. Ils étaient ainsi tenus responsables de leurs actes, et des procès d'animaux étaient régulièrement menés. La procédure judiciaire qui suivit à Falaise fut l'un des procès d'animaux "les mieux documentés de France" grâce à la

La truie, considérée comme responsable de ses actes, fut amenée devant le tribunal pour un long procès de neuf jours. La communauté locale était en émoi, le procès suscitant une curiosité morbide mêlée d'effroi. Pour permettre à la truie de se défendre, un avocat lui fut commis d'office. L'aspect grotesque de l'affaire ne s'arrêta pas là, car la truie fut vêtue de vêtements de femme pour comparaître devant le tribunal.

Le procès fut une mise en scène judiciaire à la fois macabre et bizarre. Après les restitutions de l'"enquête" et le témoignage de quelques témoins, le verdict tomba, sans surprise, en défaveur de la truie. Elle fut condamnée à mort. Sa sentence incluait d'être mutilée de la même manière qu'elle avait mutilé l'enfant, puis d'être traînée dans les rues de Falaise avant d'être pendue et enfin brûlée.

L'exécution fut orchestrée comme un spectacle d'horreur édifiant. Le juge invita les paysans des alentours à venir assister à l'exécution avec leurs cochons, dans l'espoir que ce spectacle serve d'exemple et dissuade les autres animaux de commettre des actes de violence. Le jour venu, on coupa le grouin de la truie, à place duquel on appliqua un masque de figure humaine ; elle fut habillée d'une veste, d'un haut-de-chausses, de chausses aux jambes de derrière, de gants blancs aux jambes de devant. Elle fut traînée à cheval jusqu'à la place du château de Falaise. Devant une foule d'habitants médusés, elle fut mutilée, pendue par les pattes jusqu'à la mort, puis ses restes furent brûlés.

La brutalité de l'exécution était telle qu'elle résonna longtemps dans les mémoires des habitants de Falaise. Pour commémorer ce procès exceptionnel, une grande peinture fut réalisée et exposée dans l'église Trinité de Falaise jusqu'au XIXe siècle. Désormais, une petite statue représentant un cochon sur le flanc sud-est de l'église est le seul vestige de cette histoire sombre et étrange.

Tandis que la vie continuait dans la tranquille commune de Falaise, cet épisode révélait les convictions et les pratiques judiciaires du Moyen Âge, où la frontière entre l'humanité et l'animalité était parfois floue, et où la justice, bien que rudimentaire, se voulait implacable et exemplaire.

Fig. 1. – Exécution de la truie de Falaise. Gravure de Lhermitte.

SIESTE A 222 MILLIONS D'EUROS

La finance, ce royaume des chiffres où la rigueur est reine, nous offre parfois des spectacles pour le moins... cocasses. Nous sommes ici en plein cœur de l'Allemagne, dans une banque de Hesse, où les employés, réputés pour leur sérieux, scrutent quotidiennement les transactions avec la précision d'un horloger. Mais ce jour-là, le destin a choisi de pimenter un peu la routine.

Tandis que le commun des mortels aurait simplement glissé sur une touche, créant une petite anomalie de quelques euros, notre employé de banque, sans doute lassé par la monotonie du quotidien, a choisi de voir les choses en grand. Un moment d'inattention, une paupière qui se ferme, et voilà que notre employé s'endort sur la touche "2" de son ordinateur, transformant un virement de 62 euros en un virement de 222 222 222,22 euros ! Une somme qui ne passerait certainement pas inaperçue, même dans les coffres les plus garnis.

Mais, l'histoire ne s'arrête pas là, car chaque bon spectacle a besoin d'un second acte. Entrez en scène la vérificatrice, celle qui devait être le dernier rempart contre les erreurs. D'ordinaire, elle repérait les anomalies avec la précision d'un faucon, mais ce jour-là, séduite par la poésie des chiffres, elle laisse passer cette coquille monumentale. Peut-être la suite symétrique de deux a-t-elle eu raison de son attention habituelle. Après tout, qui n'aimerait pas cette danse des chiffres alignés sur l'écran ?

Le drame aurait pu s'arrêter là, mais un troisième protagoniste, moins hypnotisé par la beauté mathématique, a finalement repéré l'erreur. Le montant stratosphérique a été rectifié, mais le mal était fait. La direction, choquée, se demande comment une telle erreur à 222 millions d'euros a pu se produire. Surtout lorsqu'on apprend que la vérificatrice avait traité des centaines de reçus en un temps record ce jour-là. Certains en moins d'une seconde ! Elle cherchait sans doute à battre un record personnel, ou alors elle était tout simplement en pilote automatique.

La vérificatrice, qui avait donné des années de service loyal, s'est retrouvée dans la tourmente. Elle fut licenciée, la banque arguant qu'elle n'avait pas réellement vérifié les reçus, mais simplement estampillé son approbation. Un acte qui, en d'autres circonstances, serait passé inaperçu, mais qui, dans ce cas précis, l'a propulsée au centre d'un drame financier.

Peut-on vraiment blâmer la vérificatrice ? Après tout, qui aurait pu imaginer qu'un employé puisse transformer un modeste virement en une somme capable de racheter un petit archipel ? Mais dans le monde impitoyable de la finance, l'erreur n'est pas permise, et la vérificatrice allait bientôt en faire l'amère expérience...

L'écho de cette faute monumentale résonne jusqu'aux oreilles des juges des Prud'hommes de l'État régional de Hessen. Ils sont sans doute habitués aux récits d'injustice et de querelles professionnelles, mais cette affaire avait un parfum particulier, celui d'une comédie d'erreur aux conséquences bien réelles. "Le collègue, qui n'était pas responsable de la vérification du montant des ordres de virement, s'est endormi un instant en restant appuyé sur la touche 2 du clavier," ont relaté les juges, avec une pointe d'ironie que l'on pourrait imaginer.

Devant eux se tenait la vérificatrice, une employée dévouée depuis 1986, qui avait vu son parcours exemplaire entaché par une faute qu'elle n'avait pas commise, mais qu'elle n'avait pas su repérer non plus. Une faute d'inattention qui, sur le papier, pouvait sembler dérisoire, mais qui, dans l'arène financière, pesait lourd. Très lourd.

Son employeur avait été sans pitié, l'accusant de négligence grave. Mais était-ce vraiment justifié ? Après tout, qui, dans cette salle d'audience, n'avait jamais commis une erreur ? La vérificatrice n'était-elle pas, après tout, une victime collatérale d'un système qui n'avait pas su prévoir un tel scénario ?

Les juges, dans leur sagesse, ont conclu que bien que la vérificatrice ait commis une "grave erreur", le licenciement était une sanction trop sévère. Un avertissement aurait été suffisant. Peut-être même une formation sur la vigilance, ou sur les dangers de l'hypnose des chiffres. Car après tout, derrière cette erreur se cachait une leçon, celle de l'importance de l'humain, même dans un monde régi par les chiffres.

L'histoire se termine donc sur une note positive pour la vérificatrice, qui a pu reprendre son poste, bien que désormais, elle doit vérifier chaque reçu avec une attention redoublée. Quant à l'employé, son rêve éveillé lui a sans doute appris une leçon sur les dangers de la somnolence au travail, même si son nom restera à jamais associé à cette danse des chiffres qui aurait pu coûter très cher.

Et que retenir de cette aventure ? Que même dans le monde austère de la finance, un simple moment d'inattention peut créer un tourbillon inattendu. Et que, parfois, derrière les chiffres froids et impersonnels se cachent des histoires humaines, faites d'erreurs, de pardon. Peut-être la prochaine fois, notre employé somnolent devrait envisager de piquer une sieste sur la touche "0".

MAISON HANTEE

Imaginez une charmante maison victorienne dans le paisible village de Nyack, New York. Avec son architecture élégante et ses jardins bien entretenus, cette demeure serait un rêve devenu réalité pour n'importe quel acheteur potentiel. Cependant, cette maison avait une particularité qui la distinguait de toutes les autres dans le voisinage : elle était publiquement reconnue comme étant hantée. Oui, vous avez bien lu. La propriétaire précédente, Helen Ackley, avait non seulement partagé ses expériences paranormales avec le grand public, mais elle avait également réussi à en faire une sorte d'attraction locale. Elle avait raconté l'existence de poltergeists dans la maison à la fois dans Reader's Digest et dans un journal local à plusieurs reprises entre 1977 et 1989, et la maison avait même été incluse dans une tournée pédestre de cinq maisons dans la ville.

Les histoires de fantômes partagées par Helen Ackley et sa famille étaient tout sauf ordinaires. Selon elle, les poltergeists n'étaient pas des visiteurs malveillants, mais des cohabitants plutôt facétieux. Elle racontait comment les esprits taquins donnaient des "cadeaux" à ses petits-enfants sous forme de bagues pour bébé, des cadeaux qui disparaissaient mystérieusement plus tard. Il y avait aussi un fantôme courtois qui, selon elle, secouait le lit de sa fille chaque matin pour la réveiller. Une fois, lorsque sa fille exprima le désir de dormir un peu plus pendant les vacances de printemps, le fantôme respecta son souhait et son lit ne bougea pas le lendemain matin. Les manifestations des poltergeists étaient variées et parfois amusantes, et elles semblaient avoir trouvé un équilibre avec les membres de la famille Ackley.

Mais l'aspect le plus fascinant de ces histoires est peut-être la façon dont elles furent acceptées par la communauté locale. La réputation surnaturelle de la maison était si bien établie que les habitants de Nyack la considéraient comme la "Maison Hantée" du village. Lorsqu'il était question de vendre la propriété, le folklore entourant la maison était si ancré dans la communauté que le courtier immobilier d'Ellis Realty n'hésita pas à révéler la nature hantée de la maison à Jeffrey Stambovsky, l'acheteur potentiel.

Stambovsky, originaire de New York City et sans connaissance de la réputation de la maison, fut naturellement surpris. Il avait déjà signé le contrat et fait un acompte substantiel de 32 500 $ sur le prix d'achat de 650 000 $. Lorsque la nouvelle lui fut révélée, il prit la situation avec humour, du moins initialement, en faisant une remarque légère sur l'appel des Ghostbusters. Cependant, la réalité de la situation le frappa rapidement. Confronté à une maison dont la renommée surnaturelle était bien établie, et peut-être inquiet des invités surnaturels, Stambovsky chercha à annuler le contrat de vente.

L'histoire de la Maison Hantée de Nyack entre Stambovsky et Ackley prit une tournure légaliste fascinante, évoluant jusqu'à devenir un cas d'école dans le domaine du droit immobilier, connu sous le nom de "Stambovsky v. Ackley" (1991). Notre héros légal, Stambovsky, n'était pas prêt à céder. Il porta l'affaire devant les tribunaux, affirmant que la non-divulgation de la nature hantée de la maison était une omission substantielle. La cour inférieure ne fut pas amusée et rejeta l'affaire, estimant que les acheteurs devaient faire preuve de diligence raisonnable. Mais Stambovsky, loin d'être découragé, porta l'affaire en appel.

Et voilà que le tribunal d'appel de l'État de New York se prêta au jeu. Dans un jugement à la fois humoristique et érudit, la cour reconnut que la maison était légalement hantée. Oui, dans le monde du droit new-yorkais, un fantôme peut être légalisé. Le jugement soulignait que, puisque la propriétaire avait publiquement proclamé que la maison était hantée, elle était estoppelée (empêchée) de nier cette hantise afin d'avoir l'avantage dans une négociation. La cour écrivit humoristiquement : "En appliquant le raisonnement de l'agent immobilier d'Ellis, qui n'a pas hésité à révéler la nature hantée de la maison à Stambovsky, le jugement affirme que la maison est hantée pour le vendeur ainsi que pour l'acheteur."

Ainsi, dans un monde où les contrats et les termes de divulgation régissent les transactions, un peu de folklore local et de témoignages personnels ont trouvé leur chemin dans le langage légal. La décision en appel a permis à Stambovsky de résilier le contrat et de récupérer son acompte, tandis que la cour supérieure a été critiquée pour ne pas avoir reconnu la particularité du cas.

En conséquence, la maison de Nyack est passée à la postérité non seulement comme une attraction locale pour les amateurs de phénomènes paranormaux, mais aussi comme un point de référence dans le monde juridique. Elle rappelle que, dans l'univers des transactions immobilières, la vérité, aussi étrange soit-elle, doit toujours prévaloir.

L'affaire "Stambovsky v. Ackley" résonne encore aujourd'hui dans le milieu juridique, illustrant la nécessité pour les vendeurs de divulguer toutes les informations pertinentes, même celles du royaume de l'étrange. Elle démontre également la façon dont les légendes locales et les histoires personnelles peuvent imprégner le tissu de la loi, et comment un cas apparemment simple de transaction immobilière peut se transformer en une exploration de la vérité, de la divulgation et, osons le dire, de l'au-delà.

Alors, la prochaine fois que vous envisagez d'acheter une maison, assurez-vous qu'elle soit exempte de locataires d'outre-tombe, à moins que vous ne soyez prêt à plaider votre cause devant le tribunal... et au-delà.

Fig 1 : Photo de la maison « hantée » - Capture Google Map

L'ÉPOPEE DU MACARONI AU FROMAGE

Dans une cuisine ordinaire de Floride, la minuterie d'Amanda Ramirez sonnait, marquant la fin des trois minutes et trente secondes promises. Elle ouvrit le micro-ondes, prête à déguster son plat de macaroni au fromage. Cependant, une déception l'attendait : les pâtes n'étaient pas encore prêtes. Pourtant, l'emballage de Kraft Heinz Foods Company l'assurait du contraire.

Certes, beaucoup d'entre nous ont déjà constaté que le temps de cuisson des pâtes varie parfois de celui indiqué sur le paquet. La solution courante est simple : ajuster le temps et goûter jusqu'à obtenir la consistance désirée. Mais pour Amanda, cette approche n'était pas suffisante. Elle ressentait une trahison, une promesse non tenue par une grande entreprise sur laquelle elle pensait pouvoir faire confiance.

Là où la plupart d'entre nous auraient simplement ajusté le temps de cuisson et continué leur journée, Amanda a vu une opportunité de défendre les droits des consommateurs. Elle a décidé de porter l'affaire devant les tribunaux, lançant ainsi une bataille juridique contre le géant agroalimentaire.

Sa plainte, déposée en novembre 2022, reposait sur une série de revendications bien articulées. Elle a soutenu que Kraft Heinz avait induit délibérément les consommateurs en erreur en leur promettant un temps de cuisson qui n'était pas réaliste. Elle a également inclus des images de l'emballage, soulignant l'affirmation "PRÊT EN 3½ MINUTES" comme preuve de cette tromperie.

Mais ce qui a vraiment capté l'attention des médias et du public, c'est le montant des dommages-intérêts qu'Amanda a demandés : plus de 5 millions d'euros. Une somme stupéfiante pour quelques secondes de cuisson supplémentaires.

Kraft Heinz, en réponse, ont avancé plusieurs arguments, notamment que le temps de cuisson peut varier en fonction de nombreux facteurs, tels que la puissance du micro-ondes. Ils ont également remis en question la légitimité de la plainte d'Amanda, suggérant que sa réaction était exagérée et disproportionnée.

Pendant ce temps, l'histoire d'Amanda est devenue virale. Certains la voyaient comme une héroïne, défendant les droits des consommateurs contre les grandes entreprises. D'autres la critiquaient, la jugeant opportuniste pour avoir transformé un léger inconvénient en une affaire judiciaire majeure.

La question centrale reste : où se situe la limite entre une simple inexactitude et une véritable tromperie ? La réponse à cette question pourrait avoir des implications durables pour la manière dont les entreprises communiquent avec leurs clients.

Au final, la cour de Miami, après avoir examiné les arguments des deux parties, en juillet 2023, a décidé qu'Amanda n'avait pas suffisamment démontré qu'elle avait subi un préjudice réel. De plus, sa demande pour être autorisée à modifier sa plainte a été refusée. En conséquence, la plainte a été rejetée sans préjudice.

ALLO MAMAN BOBO, PAPA NE ME TROUVE PAS BEAU

Imaginez-vous dans la paisible cité de l'amour et du mystère, où les rumeurs et les légendes urbaines prennent vie dans les coulisses du quotidien. C'est dans ce décor que nous rencontrons Jian Feng, un homme ordinaire qui allait bientôt être catapulté dans les annales des anecdotes judiciaires. Feng, un Chinois, vivait une vie tranquille jusqu'à l'arrivée d'un nouveau-né dans sa famille. Mais contrairement à l'extase habituelle qui accompagne la naissance d'un enfant, Feng était horrifié. Le bébé, selon lui, était d'une laideur indescriptible. La surprise s'est rapidement transformée en suspicion, puis en accusation. Feng était convaincu que sa femme devait avoir eu une liaison, car comment un couple aussi beau pouvait-il avoir un enfant aussi laid ?

Des tests ADN furent effectués, révélant que Feng était bien le père. C'est alors que la vérité éclata. La femme de Feng révéla qu'elle avait subi pour environ 720 000 $ de chirurgie esthétique en Corée du Sud avant de le rencontrer, transformant son apparence d'une manière spectaculaire. Feng était furieux, se sentant trahi et dupé. Il divorça de sa femme et l'a poursuivie en justice pour fausses représentations, arguant qu'elle l'avait induit en erreur en le faisant croire qu'elle était naturellement belle. La cour, dans un verdict qui dépassa l'entendement de beaucoup, était d'accord avec Feng et ordonna à son ex-femme de lui verser 120 000 dollars.

Cependant, la vérité derrière cette histoire est aussi floue que les lignes entre la réalité et la fiction. Cette histoire a commencé à circuler dès 2004, bien qu'elle ait atteint son apogée de viralité en 2012. L'image souvent associée à cette histoire, montrant une famille avec trois enfants, provenait en réalité d'une publicité taïwanaise pour une clinique de chirurgie esthétique datant de 2012. L'image avait été numériquement modifiée pour rendre les enfants "laids", dans le cadre d'une campagne publicitaire humoristique sur les conséquences potentielles de la chirurgie esthétique. L'histoire de Feng a été publiée par un journal chinois réputé pour ses contes de légende urbaine non vérifiés, et il s'avère que toute l'affaire était une invention.

Cependant, l'effet boule de neige de cette légende urbaine s'est ressenti jusqu'au cœur de la famille représentée dans l'image faussement associée à l'histoire. Heidi Yeh, la mannequin taïwanaise figurant dans l'image faussement associée à cette histoire, a vécu un véritable cauchemar suite à la propagation virale de cette légende urbaine. La photo utilisée dans cette fausse histoire provenait en réalité d'une publicité pour une clinique de chirurgie esthétique, dans laquelle Yeh et les enfants avaient été numériquement modifiés pour apparaître "laids". L'image était accompagnée du slogan humoristique : "La seule chose dont vous aurez à vous soucier est comment expliquer ça aux enfants." Cependant, l'humour n'a pas trouvé sa place lorsque l'image a été détournée et utilisée pour propager la fausse histoire de Feng. Yeh a vu sa carrière de mannequin gravement affectée, les clients et les agences évitant de travailler avec elle par crainte d'une publicité négative associée à la fausse histoire. Yeh a déclaré que cette fausse histoire avait ruiné sa vie et sa carrière, la stigmatisant comme le visage d'une campagne de désinformation virale. Finalement, Yeh a pris des mesures juridiques pour tenter de rétablir son nom et sa réputation, en poursuivant les parties responsables de la propagation de cette fausse histoire et de la mauvaise utilisation de son image. Son combat met en lumière les conséquences réelles et dévastatrices que les légendes urbaines et la désinformation peuvent avoir sur la vie des individus innocents, dans un monde où une image ou une histoire peut devenir virale en un instant, laissant peu de place pour la vérification des faits et la vérité.

L'affaire du mannequin Heidi Yeh souligne également un problème majeur dans le domaine du journalisme et de la diffusion d'informations à l'ère numérique : la propagation rapide de fausses informations par des médias réputés sérieux. La légende urbaine a été relayée sans vérification adéquate par des médias internationaux respectés, contribuant ainsi à sa propagation virale. Cela met en lumière un défaut fondamental dans le processus de vérification des faits, où la course pour publier des histoires sensationnelles peut surpasser la nécessité de vérifier l'exactitude des informations. En outre, même après que la vérité a été révélée, nombreux sont les médias qui n'ont pas pris la responsabilité de corriger leurs articles ou de supprimer les informations incorrectes. Leur inaction contribue non seulement à perpétuer la désinformation, mais laisse aussi une trace numérique qui continue d'affecter la vie des personnes impliquées, comme Heidi Yeh, longtemps après que la vérité a été révélée. Cette situation soulève des questions cruciales sur l'éthique journalistique et la responsabilité des médias dans la lutte contre la désinformation, surtout dans un monde où une simple histoire fausse peut avoir des répercussions durables et dévastatrices sur la vie des individus.

Au final, l'histoire de Feng, bien que largement répandue et acceptée comme un fait réel par beaucoup, était en réalité un conte fictif, une parabole moderne sur la vanité et les fausses apparences, conçue pour divertir plutôt que pour informer.

En traversant ce conte modernisé de l'intrigue et de l'ironie, on est amené à réfléchir sur les longueurs auxquelles certains iront pour sauvegarder les apparences, et comment la quête de la perfection physique peut conduire à des complications inattendues dans le théâtre de la vie quotidienne.

MAMAN, PAPA ET LE CONGELATEUR

C'est une histoire insolite qui nous vient du petit village de Nueil-sur-Layon, non loin d'Angers. L'histoire du docteur Martinot, de sa femme Monique, et de leur fils Rémy.

Tout commence en 1984, lorsque Monique décède d'un cancer à seulement 49 ans. Son mari, que tout le monde dans le village appelle docteur Martinot, est effondré. Mais ce n'est pas un veuf comme les autres. Rongé par sa peur panique de la mort, il décide de cryogéniser le corps de sa femme. Oui, vous avez bien lu : la congeler à -60°C dans l'espoir qu'un jour, les progrès de la science permettent de la ressusciter.

Le docteur Martinot met donc en place tout un dispositif dans le sous-sol du château familial : cuve réfrigérante, alarmes en cas de panne, protocole d'urgence... Monique repose désormais dans une étrange tombe froide que son mari vient visiter quotidiennement.

Bien sûr, dans le village, on le prend pour un fou. On l'appelle "Docteur Hibernatus", ou encore "Frankenstein". Mais après tout, ça ne fait de mal à personne. Alors on le laisse faire son deuil à sa façon, aussi bizarre soit-elle.

Les années passent. La science progresse, mais pas au point de ressusciter les morts. En 2002, le docteur Martinot, celui qui se fantasmait en une sorte de Jules Verne, envisageant de se livrer à des expériences sur sa propre personne pour explorer la possibilité d'une survie future, s'éteint à son tour.

Et là, son fils Rémy respecte ses dernières volontés : le mettre lui aussi dans un caisson réfrigérant, juste à côté de sa mère.

Sauf que cette fois, c'en est trop pour les autorités. Le maire et le préfet interdisent formellement à Rémy de congeler son père. Mais Rémy est bien décidé à honorer les volontés de son géniteur. C'est le début d'une longue bataille juridique insolite qui va durer des années...

Rémy Martinot est donc bien décidé à faire respecter les dernières volontés de son père. Pas question d'abandonner ses parents au processus naturel de dégradation des corps. La cryogénisation, c'est sacré !

Sauf que le maire et le préfet ne l'entendent pas de cette oreille. Ils brandissent un article du Code général des collectivités territoriales qui n'autorise que deux modes de sépulture : l'inhumation et la crémation. Rien sur la congélation de cadavres.

Rémy décide alors de saisir la justice. Commence une procédure kafkaïenne digne des 12 travaux d'Astérix. Car il ne s'agit pas d'un litige classique entre deux personnes. Rémy se retrouve face à des représentants de l'Etat, du "droit public". Ce ne sont donc pas les tribunaux habituels qui sont compétents, mais la juridiction administrative.

Première étape, le Tribunal administratif de Nantes. Rémy plaide qu'en vertu de la loi de 1987, tout individu est libre de décider de sa sépulture. Peine perdue, le tribunal donne raison aux autorités. Direction ensuite la Cour administrative d'appel, mais même résultat.

Rémy sort alors l'artillerie lourde : il saisit le Conseil d'Etat, plus haute juridiction administrative du pays. Las, même là les juges confirment l'interdiction. Motif : la liberté individuelle peut être restreinte pour des raisons d'ordre et de santé publics.

Mais Rémy a encore un joker dans sa manche : la Cour européenne des droits de l'homme. Juridiction supranationale, ses arrêts s'imposent aux tribunaux français. Rémy tente le tout pour le tout. En vain, la CEDH refuse de se saisir du dossier.

C'en est terminé des recours juridiques pour Rémy. Ses parents resteront à jamais dans les limbes administrativo-judiciaires. Jusqu'à ce qu'un élément extérieur vienne clore l'affaire de manière abrupte : lors d'une nuit de février 2006, suite à une coupure d'électricité. L'alarme n'a pas émis le moindre son, laissant les congélateurs grimper à une température d'au moins 20 degrés, provoquant la décongélation des corps.

Rémy jette l'éponge et accepte enfin l'inéluctable : il fait incinérer ses parents selon la tradition. Mettant ainsi un terme à plus de 20 ans d'une rocambolesque bataille pour voir respecter les dernières volontés de son père le "docteur Hibernatus".

Ainsi prit fin l'épisode de l'affaire Martinot. Du médecin qui s'imaginait en un Jules Verne de la médecine, il ne demeura que des vestiges carbonisés, et cette étrange histoire perdura dans les annales de l'histoire angevine.

WIKIPEDIA ET LE SELFIE DU SINGE

En juillet 2011, l'île indonésienne de Sulawesi du Nord devient le théâtre d'une quête photographique orchestrée par le britannique David Slater. Avec pour toile de fond un parc national luxuriant, Slater, l'objectif affûté, se lance à la poursuite des macaques locaux dans l'espoir de capturer leur essence sur la pellicule. En quête du cliché parfait, il tente d'approcher un groupe de ces primates fascinants, mais se heurte à leur méfiance instinctive. Ce n'est pas un humain en quête d'un portrait qui va troubler la tranquillité des macaques, semblent-ils penser. La distance maintenue entre le photographe et ses sujets pelucheux ne permet pas d'obtenir le cliché espéré. Mais Slater était loin d'être démotivé. Avec un éclat d'ingéniosité, il eut l'idée de placer son appareil sur un trépied, espérant que les singes, intrigués par le reflet de l'objectif, s'approcheraient pour une enquête plus approfondie

L'un des macaques, peut-être le plus audacieux de la bande, ou simplement le plus curieux, s'approcha de l'appareil et, dans un élan de créativité simiesque, prit plusieurs clichés de lui-même, en selfie. Slater, observant l'incident avec un mélange d'amusement et d'étonnement, savait qu'il avait capturé quelque chose de spécial. Une image en particulier captura l'essence de l'auto-conscience et du bonheur absolu du macaque, le genre d'image qui, selon Slater, était digne de la couverture d'un grand magazine.

Le cliché en question transcende rapidement les frontières du parc et se retrouve au centre d'un tourbillon juridique. Slater voit en cette image une opportunité dorée, le sourire candide du macaque femelle capturé pourrait faire la une du National Geographic. Il transmet la photo à son agent qui la diffuse avec enthousiasme. Le Daily Mail s'empare de l'histoire, et le monde entier découvre l'autoportrait du macaque. Cependant, la suite des événements prend une tournure moins glamour.

En 2014, le vent tourne lorsque l'encyclopédie en ligne Wikipedia publie le selfie du macaque, sous l'étiquette "domaine public". Selon l'encyclopédie, les singes n'ont pas de droits d'auteur. Slater se retrouve pris dans une bataille juridique pour revendiquer la propriété de l'image. Wikipedia reste de marbre, le selfie reste en ligne.

Le différend prend de l'ampleur en 2015, quand l'organisation PETA (Pour une éthique dans le traitement des animaux) entre en scène, intentant un procès au nom du singe, désormais baptisé Naruto. PETA argue que le selfie est le fruit de l'initiative de Naruto, dépourvue de toute aide humaine. Cependant, en 2016, le juge déboute PETA, rappelant que les animaux ne peuvent pas être titulaires de droits d'auteur.

La saga judiciaire ne s'arrête pas là. PETA fait appel, et l'affaire devient un spectacle où juges et avocats s'interrogent sur les droits d'un macaque dans un monde d'hommes. Les selfies du macaque ouvrent une boîte de Pandore juridique, mettant en lumière des enjeux inexplorés de propriété intellectuelle. La controverse atteint son apogée quand les clichés sont téléversés sur Wikimedia Commons, un site dédié aux œuvres libres de droit. Slater plaide en vain pour le retrait des clichés ou une compensation financière.

Le litige a un impact financier non négligeable sur Slater. Il confie à la BBC que la mise en ligne sur Wikipedia a asséché ses revenus, évoquant une perte estimée à au moins 10 000 livres sterling :

> *« J'ai gagné 2 000 pounds la première année après qu'elle a été prise. Après qu'elle a été placée sur Wikipédia, les ventes se sont taries. Il est difficile de produire une estimation, mais j'estime avoir perdu au moins 10 000 pounds de bénéfices. Ça tue mes ventes. »*

> *« Ce dont ils ne se rendent pas compte c'est que seule une cour de justice peut décider du statut des droits d'auteur. »*

Les experts divergent sur la question, certains soutenant que la création animale ne peut être protégée, d'autres arguant que Slater pourrait prétendre à certains droits si l'on considère qu'il a procédé à certains réglages sur l'appareil photo préalablement à la prise de vue, ce qui pourrait justifier une protection de droit d'auteur.

La saga trouve une résolution partielle en 2017, avec un accord entre Slater et PETA, mais en 2018, la justice américaine scelle le débat en affirmant que seuls les humains peuvent dénoncer les violations du droit d'auteur.

Cette odyssée juridique souligne l'intersection complexe entre la propriété intellectuelle, la technologie et le règne animal, ouvrant un débat sur la nature des droits d'auteur à l'ère numérique. Et tandis que les législations tentent de rattraper les évolutions technologiques, quelque part dans les forêts de Sulawesi, un macaque sourit, inconscient de l'effervescence qu'a suscitée son selfie dans le monde des hommes. Une ironie qui ne manque pas de piquant, illustrant peut-être que dans le vaste échiquier juridique, la nature a encore quelques tours dans son sac.

TRAVAILLER ET REMBOURSER SES SALAIRES

Dans la charmante ville de Toulouse, connue pour son ambiance conviviale et sa cuisine délectable, un drame judiciaire inattendu se déroulait en décembre 2022, sous les lambris honorables du Conseil des prud'hommes. Alex V., un employé dévoué d'un restaurant vietnamien local, se retrouvait dans le viseur de la justice, accusé par son employeur d'avoir outrepassé les limites de son poste d'économe. L'histoire commence en mars 2018, lorsque Alex V. signe un contrat à mi-temps pour veiller sur l'approvisionnement et l'état des stocks du restaurant. Tout se déroulait sans encombre, jusqu'à ce que des accusations de vol viennent ternir l'harmonie du lieu.

Le propriétaire de l'établissement, un ancien notaire, n'était pas particulièrement impliqué dans l'administration quotidienne du restaurant. C'était donc Alex V. qui, de facto, prenait les rênes de l'entreprise, gérant l'ouverture et la fermeture de l'enseigne, signant les contrats professionnels, s'occupant des commandes, et veillant sur la caisse. Selon son avocat, Alex V. allait bien au-delà de ses fonctions, car il n'avait aucun supérieur pour superviser ces tâches. Toutefois, cette autonomie allait bientôt se retourner contre lui.

Un an après son embauche, le propriétaire accuse Alex V. de vol et le renvoie sur-le-champ. C'est là que l'avocat entre en scène, saisissant les prud'hommes pour faire reconnaître le licenciement verbal de son client. Mais le conseil juridique du propriétaire rétorque avec une argumentation surprenante : puisqu'Alex V. opérait en toute autonomie au sein du restaurant, il n'avait en réalité aucun lien de subordination, et ne pouvait donc pas être considéré comme un salarié. Un raisonnement qui, à première vue, pourrait prêter à sourire, mais qui allait trouver un écho inattendu auprès du juge.

Le verdict tombe, et il est pour le moins surprenant. Le Conseil des prud'hommes de Toulouse déboute Alex V. de sa demande de résiliation judiciaire de son contrat de travail et va même plus loin en le condamnant à rembourser la totalité de ses salaires perçus, soit un montant de 12.000 euros. Le juge, estimant que le contrat de travail était "fictif" en l'absence de directives d'un supérieur.

Cette affaire met en lumière une zone grise juridique où le rôle et les responsabilités d'un employé peuvent être interprétés de manière très différente, selon le point de vue du tribunal. Elle a conduit à une situation kafkaïenne où un employé dévoué se retrouve condamné à rembourser ses salaires durement gagnés.

L'ELEPHANT MARY ET LE PROCES DE LA FOULE

L'affaire de Mary l'éléphant se déroule dans le cadre pittoresque d'Erwin, Tennessee, au début du XXe siècle. À cette époque, les cirques itinérants étaient une forme de divertissement populaire, et les éléphants, en tant que créatures exotiques, étaient souvent des attractions vedettes. Mary, un éléphant d'Asie femelle, était l'une de ces stars du cirque Sparks World Famous Shows. Elle était reconnue pour sa taille imposante et son intelligence remarquable, ce qui la rendait particulièrement précieuse pour son propriétaire, Charlie Sparks.

Le 11 septembre 1916, le destin de Mary bascule lorsqu'un incident tragique se produit. Ce jour-là, un cornac inexpérimenté nommé Red Eldridge est chargé de s'occuper d'elle. Cependant, en raison de son manque d'expérience et de la possible maltraitance infligée à Mary, le cornac aurait provoqué Mary avec un crochet sur la tête après qu'elle se soit abaissée pour manger un morceau de pastèque. Cette provocation aurait déclenché une réaction violente de Mary, qui a attrapé Eldridge avec sa trompe, l'a projeté contre un stand de boissons, et a ensuite écrasé sa tête sous son pied, tuant Eldridge sur le coup.

L'incident suscite une peur et une colère immédiates parmi la population locale. Les demandes pour que Mary soit mise à mort affluent rapidement, alimentées par la peur d'une autre attaque possible. Charlie Sparks, confronté à la pression publique et aux menaces des villes voisines de boycotter le cirque, prend la décision difficile de sacrifier Mary pour sauver l'entreprise qu'il a construite.

Le lendemain de l'incident, le 13 septembre 1916, un spectacle macabre se déroule dans la petite ville d'Erwin. Mary est enchaînée à l'extérieur de la tente du cirque, se balançant nerveusement. Après la représentation, elle est transportée en train vers le lieu d'exécution, accompagnée des autres éléphants de la troupe pour la maintenir calme. La potence est programmée dans la cour de la Clinchfield Railroad à Erwin. Une foule de plus de 2 500 personnes, y compris de nombreux enfants, se rassemble pour assister à cet événement macabre. Mary est pendue par le cou à l'aide d'une grue industrielle montée sur un wagon entre quatre et cinq heures de l'après-midi. La première tentative échoue lorsque la chaîne se casse, faisant tomber Mary et brisant sa hanche, provoquant la fuite terrorisée de dizaines d'enfants. Mary meurt lors de la seconde tentative, après plus de 30 minutes d'agonis. Avant d'être enterrée à côté des voies ferrées, un vétérinaire examina Mary et découvra qu'elle avait une dent sévèrement infectée à l'endroit précis où Red Eldridge l'avait frappé.

L'histoire de Mary l'éléphant dévoile les intrications sombres de la justice humaine, mêlant vengeance collective et jugement précipité en réaction à la peur et à l'incompréhension. La réaction impulsive de la foule, chantant des slogans pour la mort de l'éléphant, reflète une volonté de justice expéditive plutôt qu'un examen équilibré des circonstances. Ce chapitre tragique soulève des questions cruciales sur la légitimité de l'application de la justice humaine aux animaux, et sur l'aptitude de la société à transcender les réactions de peur et de vengeance en faveur d'une évaluation plus nuancée et empathique des êtres vivants non humains. Il souligne également l'importance d'un traitement éthique et respectueux des animaux, en particulier dans les contextes de divertissement où la sécurité et le bien-être des animaux et des humains sont inextricablement liés. L'écho de la tragédie de Mary continue de résonner à travers les âges, incitant à une réflexion plus profonde sur la nature de la justice et la place des animaux dans le tissu social humain.

Fig 1 : L'exécution de Mary l'éléphant

PUNIE A ETRE NOURRIE SEULEMENT D'EAU ET DE PAIN

Dans un cas singulier de justice rendue à Houston, une femme a été condamnée à une punition symbolique en réponse à des accusations de cruauté envers les animaux. Melissa Dawn Sweeney, 28 ans, a été confrontée à la justice pour avoir négligé gravement deux chevaux. Un tableau sombre s'est dessiné lorsque les détails de la négligence ont été révélés. Les chevaux étaient maintenus dans des conditions abominables, sans nourriture ni abri pendant plus de quatre mois, ce qui a révélé un acte de négligence pure, ils avaient maigri de plus de 100 kg. Leurs états physiques détériorés étaient des témoignages silencieux mais puissants de l'indifférence et de l'irresponsabilité de Sweeney.

L'affaire a été jugée par le juge Mike Peters de la Cour pénale du comté de Harris, dont la sentence a résonné avec une ironie poignante. Condamnée pour deux chefs d'accusation de cruauté envers les animaux, Sweeney a été condamnée à 30 jours de prison. Toutefois, la particularité de la sentence résidait dans les trois premiers jours de sa peine où elle n'a reçu que du pain et de l'eau, une décision qui reflète symboliquement le traitement infligé à ses chevaux. "Elle va obtenir plus que ce que ses chevaux ont reçu", a souligné le juge Peters, une déclaration qui a mis en lumière l'injustice commise envers ces créatures sans défense.

Les photographies agrandies des chevaux faméliques étaient destinées à être affichées sur les murs de sa cellule, un rappel visuel constant de ses actes répréhensibles. Cette méthode punitive inhabituelle était un effort de sensibilisation visant à pousser Sweeney à réfléchir sur la gravité de son indifférence.

Sweeney, pour sa défense, a témoigné qu'elle fournissait environ 28 livres de nourriture par jour aux chevaux et attribuait leur état déplorable au vieillissement. Cependant, cette affirmation a été mise en doute, car le Houston Chronicle a souligné que les chevaux étaient dans la vingtaine, une période pendant laquelle ils peuvent encore être en bonne santé avec des soins appropriés.

Les procureurs, quant à eux, ont été sans équivoque dans leur condamnation de l'attitude de Sweeney, affirmant qu'elle était simplement trop paresseuse pour prendre soin des animaux, ce qui a conduit à des conditions de vie abominables, y compris des abcès graves aux sabots de l'un des chevaux.

L'affaire a été largement couverte par les médias, et l'attention nationale s'est portée sur la nature unique de la sentence. Elle a suscité une discussion publique sur la manière dont la justice est administrée dans des cas de cruauté envers les animaux. La décision du juge Peters a été perçue par beaucoup comme un acte de justice poétique, soulignant la responsabilité inhérente que l'on doit avoir envers les êtres vivants sous notre garde.

Dans ce cas étrange, la résonance symbolique de la sentence s'est avérée être un puissant catalyseur de discussion sur la justice et la cruauté envers les animaux. Les actions de Sweeney, révélées au grand jour, ont provoqué l'indignation et la réflexion. L'aspect symbolique de la peine imposée par le juge Peters a été largement discuté et analysé, faisant écho à une quête plus large de justice pour les êtres sans voix.

La décision de restreindre l'alimentation de Sweeney à du pain et de l'eau pendant trois jours a été perçue comme une réflexion profonde sur la faim et la négligence que les chevaux ont subi. L'affichage des photographies des chevaux affamés sur les murs de sa cellule était une autre dimension de la peine, visant à forcer une confrontation visuelle et émotionnelle avec les conséquences de ses actes.

Cependant, certains ont également exprimé des préoccupations quant à l'efficacité d'une telle sentence symbolique dans la réalisation d'un changement durable dans le comportement de l'accusée ou dans la sensibilisation du public aux questions de bien-être animal. Les débats ont également porté sur l'équité de la peine, en se demandant si cette approche symbolique était une méthode efficace et juste.

URBAIN GRANDIER

La France du XVIIe siècle, en pleine effervescence religieuse et sociale, fut le théâtre d'une des affaires de sorcellerie les plus marquantes de l'histoire. Au cœur de cette tempête, un nom retentit avec une résonance particulière : Urbain Grandier. Prêtre catholique charismatique de la petite ville de Loudun, Grandier était connu autant pour son éloquence en chaire que pour ses liaisons amoureuses, des comportements qui ne manquèrent pas de soulever les passions dans une société régie par des mœurs strictes.

Tout bascula en 1632, lorsque des religieuses ursulines de la ville, menées par la Mère Supérieure Jeanne des Anges, déclarèrent être possédées par des démons invoqués par Urbain Grandier. Les descriptions des possessions étaient terrifiantes, avec des scènes de convulsions, de cris et de délires érotiques qui glaçaient le sang de la communauté et attiraient l'attention de la France entière. À une époque où la sorcellerie était prise très au sérieux, ces accusations étaient loin d'être une plaisanterie. Urbain Grandier se retrouvait au centre d'un maelström judiciaire et religieux qui allait tester les limites de la rationalité de l'époque.

La réputation sulfureuse de Grandier, exacerbée par ses critiques ouvertes envers l'Église et les puissants locaux, ne joua pas en sa faveur. Les rumeurs sur ses liaisons, notamment celle avec Madeleine de Brou, une femme de la noblesse locale, ajoutaient du carburant au feu de la méfiance et de la haine qui grandissait autour de lui. Tous ces éléments créaient un terreau fertile pour les accusations de sorcellerie qui allaient suivre.

L'atmosphère autour du procès d'Urbain Grandier était électrique, une combinaison de peur, de fascination et de foi religieuse fervente. Les journées étaient marquées par des cérémonies d'exorcisme public qui étaient, à bien des égards, des spectacles orchestrés pour convaincre la populace de la culpabilité du prêtre. Les exorcistes, sous l'égide de l'Église, conduisaient ces cérémonies avec un mélange de gravité et de théâtralité qui laissait peu de place au doute dans l'esprit des témoins. La souffrance apparente des religieuses possédées, jouée avec une intensité dramatique, créait une atmosphère de peur et de haine envers Grandier.

Le point culminant du procès fut la présentation d'un document prétendument signé par Urbain Grandier et plusieurs démons, attestant de son alliance avec les forces du mal. Le pacte, écrit en latin, était supposé être la preuve irréfutable de la sorcellerie de Grandier. Les noms des démons - Satan, Belzébuth, et d'autres - étaient soigneusement inscrits, ajoutant une touche macabre à ce document déjà sinistre.

Fig1 : Le document présenté au procès

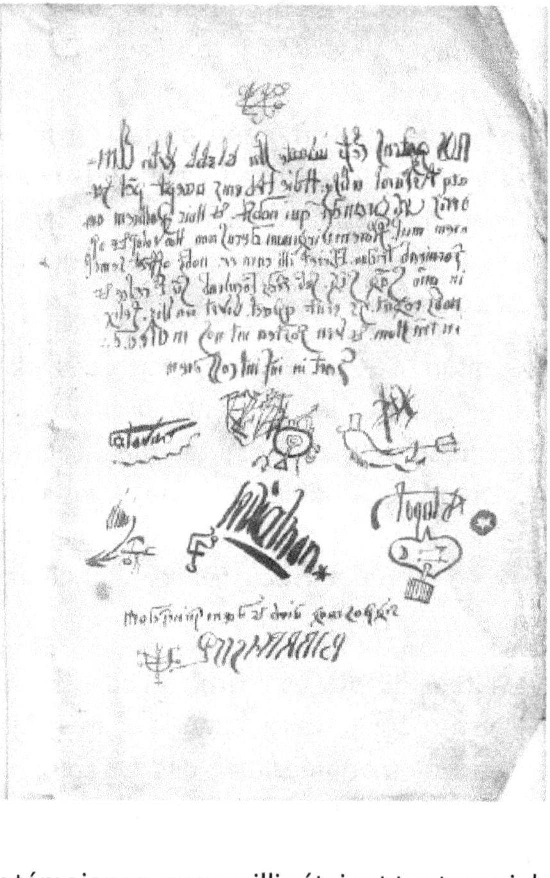

Par ailleurs, les témoignages recueillis étaient tout aussi dramatiques. Des religieuses, des prêtres locaux, et même des citoyens ordinaires étaient amenés à témoigner, leurs récits étant souvent empreints d'une forte charge émotionnelle, dépeignant Grandier comme un homme dépravé ayant succombé aux séductions du Malin. Cependant, le manque de preuves concrètes et la nature spéculative des témoignages soulèvent aujourd'hui des questions sur la légitimité du procès.

Dans une salle d'audience où la tension était palpable, les plaidoiries des avocats et les réquisitoires des juges résonnaient à travers les murs chargés d'histoire. Les juristes de l'époque, sous l'emprise des conventions religieuses et sociales, étaient peu enclins à remettre en question la véracité des accusations portées contre Grandier. L'issue du procès semblait scellée bien avant que le verdict ne soit prononcé.

Et puis vint le jugement. La condamnation d'Urbain Grandier à être brûlé vif sur le bûcher fut prononcée avec une conviction froide. La sentence était exécutée le 18 août 1634, sous les yeux 6000 personnes, réunis en une foule assoiffée de justice divine. La fumée qui s'élevait dans le ciel de Loudun ce jour-là portait avec elle la tragédie d'un homme dont la vie fut détruite par la peur, l'ignorance et la manipulation.

Les échos de cette affaire résonnent encore à travers les siècles, soulignant la fragilité de la justice face aux passions humaines et aux croyances irrationnelles. L'histoire d'Urbain Grandier est un rappel sombre de l'importance de la raison et de l'impartialité dans l'exercice de la justice, des valeurs qui, bien que mises à rude épreuve dans le passé, demeurent cruciales dans notre quête incessante de vérité et d'équité. Cette affaire n'était pas seulement une tragédie personnelle pour Urbain Grandier, elle était le reflet d'une époque où la peur du surnaturel et l'influence de l'Église catholique dictaient les termes de la justice. L'affaire Grandier demeure un épisode sombre mais fascinant de l'histoire judiciaire et religieuse de la France, un miroir des peurs et des passions qui pouvaient enflammer une communauté et conduire à l'indicible.

La légende d'Urbain Grandier continue de hanter les annales de l'histoire, son nom étant devenu synonyme des excès de la chasse aux sorcières qui marqua la France du XVIIe siècle. Son histoire, riche en drames et en leçons, est un rappel sombre des dangers de l'intolérance religieuse et des jugements hâtifs.

PHOTO MEMORIELLE

L'accident tragique survenu le 15 juin 2002 a laissé des cicatrices indélébiles dans la vie de la famille Clark. Ce jour fatidique, Glenn et Annette Miller Clark ont été victimes d'une collision frontale provoquée par Jennifer Langston, 30 ans, de Winfield. Glenn, un coach de lutte très apprécié dans le district scolaire de Mars Area, a succombé à ses blessures environ une heure après l'impact, tandis qu'Annette, enceinte de 18 semaines, est tombée dans un coma qui a perduré pendant cinq longues années, avant de s'éteindre finalement le jour exact du cinquième anniversaire de l'accident.

En septembre 2003, Jennifer Langston a plaidé coupable d'homicide routier et de mise en danger imprudente. Sa sentence ? Trente jours de prison, suivis d'une assignation à résidence et de cinq années de probation. Mais le juge a également ordonné une sanction plutôt singulière : pendant cinq ans, Langston devait porter dans son portefeuille une photo de Glenn Clark reposant dans son cercueil.

Ce jugement a été conçu pour rappeler constamment à Langston la gravité de ses actes et les vies qu'elle a bouleversées. Cependant, le tourment de la famille Clark ne s'arrêtait pas là. Ils espéraient que la mort d'Annette, survenue cinq ans après l'accident, conduirait à de nouvelles accusations contre Langston. Cependant, le procureur du district du comté de Butler, Randa Clark, a déclaré que la mort d'Annette ne conduirait pas à d'autres accusations contre Langston, mettant fin aux espoirs de justice renouvelée pour la famille Clark.

La sentence imposée à Langston, bien que créative dans sa tentative de faire prendre conscience à l'accusée du drame qu'elle a causé, a suscité un sentiment d'injustice chez les proches des victimes. Le fait que Langston n'ait pas été tenue de payer 20 000 $ au Fonds d'indemnisation des victimes d'actes criminels pour le compte du fils du couple, Michael Clark, né alors que sa mère était dans le coma, ni d'être tenue de déposer des fleurs annuellement sur la tombe de Glenn Clark pendant les cinq premières années suivant sa mort, a renforcé ce sentiment d'insatisfaction.

La famille Clark aurait souhaité que le procureur du district engage de nouvelles accusations d'homicide routier suite au décès d'Annette, mais face à l'impossibilité juridique de revenir sur le cas, ils doivent trouver un moyen de continuer à vivre tout en honorant la mémoire de leurs proches perdus dans ce tragique événement.

LE SEIGNEUR DES TAUDIS

En décembre 2008, la ville de Cleveland était le théâtre d'un châtiment exemplaire dans le monde impitoyable de l'immobilier. Nicholas Dionisopoulos, un propriétaire influent et opulent de Parme, était sur le point de vivre un conte de Noël qu'il n'aurait jamais pu imaginer. À la tête de 41 propriétés sur le West Side de Cleveland, l'homme était connu de tous, mais pour les mauvaises raisons. Ses propriétés locatives étaient un cauchemar pour les locataires et un casse-tête pour la municipalité. Violations du code du bâtiment, conditions de vie insalubres, Dionisopoulos était le parfait exemple du seigneur des taudis. Mais ce qui était une source de revenus illégitimes allait devenir son talon d'Achille.

La justice, dans son éternel manteau d'équité, avait finalement attrapé Nicholas par le col. , le verdict tomba comme un couperet sur le cou du magnat immobilier. Le juge du tribunal du logement, Ray Pianka, avait décidé de faire de Dionisopoulos un exemple, une leçon vivante pour tous les magnats sans scrupules de l'immobilier. Assigné à résidence dans l'une de ses maisons délabrées, une amende de 100 000 dollars et la reddition de tous les loyers perçus à la cour étaient la sentence que Dionisopoulos n'avait jamais envisagée dans ses pires cauchemars. L'argent des loyers, désormais sous le contrôle du tribunal, était destiné à la réparation et au nettoyage des taudis qu'il avait créés.

Mais la sentence allait au-delà de la simple amende. Dionisopoulos était condamné à vivre dans l'un de ses propres enfers. Six mois dans une maison sur la 104e rue Ouest, une propriété qui était la parfaite représentation de son indifférence envers l'humanité. Une maison où chaque fissure dans le mur, chaque goutte d'eau du plafond délabré, racontait des histoires de négligence et de souffrance. Dionisopoulos était autorisé à quitter la propriété seulement pour améliorer ses autres taudis, aller à l'église ou assister à des événements familiaux spéciaux. Et ses moindres mouvements étaient surveillés par une société de sécurité.

Ce n'était pas seulement un châtiment, c'était une humiliation publique. Les journaux locaux suivaient sa descente en disgrâce. Les photos de Dionisopoulos, autrefois un homme fier, maintenant entrant dans la maison délabrée avec une valise, faisaient la une des journaux. Les voisins regardaient avec une satisfaction amère, le seigneur des taudis récolter ce qu'il avait semé.

Les mois ont passé et la date de libération de Nicholas est arrivée. Alors qu'il franchissait le seuil de sa prison délabrée, le vent de l'hiver balayant son visage, il y avait un éclat de compréhension dans ses yeux. Il était difficile de dire si les leçons étaient apprises, mais une chose était certaine, la justice combinant la sévérité bien méritée et un peu d'ironie cruelle avait laissé une empreinte sur le seigneur des taudis.

PANCARTE HUMILIANTE

Dans la vibrante ville de Cleveland, l'Ohio, un incident insolite défraye la chronique, mettant en lumière l'arrogance d'une conductrice indisciplinée et l'imagination punitive d'un juge local. Shena Hardin, une automobiliste de 32 ans, s'est retrouvée dans le collimateur de la justice après avoir été surprise par une caméra de surveillance, conduisant sa voiture sur un trottoir pour dépasser un autobus scolaire d'où descendaient des enfants. L'indignation publique fut immédiate et l'ire judiciaire prompte. Un juge de la cour municipale de Cleveland a concocté une punition à la fois édifiante et humiliante pour Hardin. Elle a été condamnée à rester au coin de la rue pendant une heure, pendant deux jours, tenant une affiche affirmant que "seuls les idiots peuvent se comporter d'une telle façon".

Le premier jour de sa punition, Hardin s'est présentée à l'intersection désignée, vêtue d'habits chauds, fumant une cigarette et écoutant de la musique avec des écouteurs pendant que les voitures passaient en klaxonnant. Les camions des télévisions locales étaient déployés sur les lieux, retransmettant en direct cette scène surréaliste d'un châtiment public. Malgré la gravité de son acte et l'exposition médiatique, Hardin semblait indifférente, son visage imperturbable dissimulait mal l'amusement ou la provocation.

Parallèlement, le permis de conduire de Hardin a été suspendu pour une période de 30 jours et elle devra également payer des frais judiciaires de 250 dollars. Lisa Kelley, dont la fille âgée de 9 ans se déplace dans l'autobus scolaire que Hardin a dépassé en passant sur le trottoir, a estimé que la peine qui lui a été imposée est appropriée. Elle n'a pas mâché ses mots en exprimant son opinion sur Hardin, la qualifiant d'idiot, comme l'affirme sa pancarte.

L'incident a été suivi par une couverture médiatique continue, où le comportement de Hardin a été largement critiqué. Des témoins et des citoyens outragés ont partagé leur désarroi face à l'indiscipline routière qui aurait pu mettre en danger la vie des enfants. La sanction inventive du juge a été perçue par beaucoup comme un message fort envoyé aux conducteurs indisciplinés, soulignant que le respect des règles de circulation est indispensable pour la sécurité de tous.

Alors que Hardin tenait son panneau d'humiliation au coin de la rue, l'image de cette punition publique est devenue un symbole de l'irrespect flagrant des règles de conduite, et une illustration de la manière dont la justice peut choisir de réagir face à de telles transgressions. Dans un monde où les infractions routières sont légion, l'affaire Hardin sert de rappel cinglant que l'impunité n'est pas une option, même dans les rues animées de Cleveland.

Le second jour de la punition a vu Shena Hardin tenir le signe un peu plus haut, peut-être dans un effort pour se conformer aux exigences du juge ou simplement en réponse à l'attention médiatique continue. Les nouvelles de son comportement lors de la première journée avaient atteint le juge, qui n'était pas satisfait de l'attitude dédaigneuse de Hardin. Le juge Pinkey S. Carr de la Cour municipale de Cleveland a exprimé sa déception face à l'apparente absence de remords de Hardin, qui fumait et envoyait des SMS lors de sa première journée de punition.

Shena Hardin, dans une déclaration, a reconnu avoir enfreint les règles de la route, équivalant son acte à passer un feu rouge ou envoyer des SMS en conduisant. Elle a admis que ces actions pouvaient avoir des conséquences dangereuses et a déclaré que c'était une leçon d'apprentissage pour elle et un exemple pour sa fille. Elle a insisté sur le fait qu'elle en subirait les conséquences et avancerait. Cependant, malgré ses paroles, l'apparente insouciance de Hardin a été un point focal de discussions, laissant beaucoup se demander si la leçon avait vraiment été comprise.

L'affaire a suscité des débats sur l'efficacité et l'éthique des punitions publiques. D'une part, il y avait ceux qui louaient la décision du juge, la considérant comme un moyen efficace de dissuasion et d'éducation publique. D'autre part, certains critiquaient la méthode, la qualifiant d'humiliante et d'inefficace, arguant que cela ne changerait pas le comportement de Hardin ou d'autres conducteurs indisciplinés à l'avenir.

Fig 1 : La pancarte de Shena Hardin

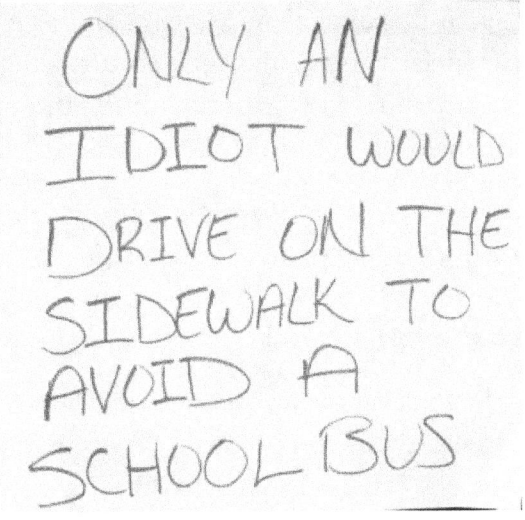

CONDAMNE A 10 ANS DE... PRIERES

Muskogee, Oklahoma. Un lieu où la vie coule habituellement avec la tranquillité d'une rivière de campagne, où la plus grande excitation provient souvent de la dernière offre du supermarché local ou de la rumeur que le maire pourrait changer la couleur de la peinture de la mairie. Mais cette monotonie paisible a été troublée par une décision judiciaire qui a fait s'étouffer de surprise plus d'un buveur de café.

Tyler Alred, 17 ans, n'était pas vraiment le genre de garçon que l'on imagine faire la une des journaux locaux. A moins bien sûr qu'il n'ait remporté la première place au concours scientifique du lycée. Cependant, le destin, avec son sens de l'humour particulier, en avait décidé autrement. Après une soirée où il avait confondu son rôle d'adolescent avec celui d'un adulte en buvant de l'alcool, Tyler a fini par causer un accident mortel. John Luke Dum, son ami et passager, a perdu la vie cette nuit-là.

L'audience était attendue avec impatience. Et quand je dis "attendue", je veux dire que même Madame Dufresne, qui n'avait pas quitté sa maison depuis l'épidémie de grippe de 2009, était présente. Tout le monde attendait de voir comment la justice allait traiter ce jeune homme. Un séjour en prison ? Des travaux d'intérêt général ?

C'est là que le juge Mike Norman, peut-être inspiré par une série Netflix ou un vieux conte moral, a décidé de pimenter les choses. Au lieu de la classique peine de prison ou d'une amende salée, il a envisagé une autre voie. Une voie spirituelle, si l'on peut dire.

L'église. Voilà la solution du juge pour Tyler. Non, il ne devait pas repeindre la vieille chapelle ni aider à l'entretien du cimetière. Il devait simplement... assister à la messe. Chaque dimanche. Pendant dix ans. Oui, vous avez bien lu. Une décennie de sermons, de cantiques et de confessions.

Les chuchotements dans la salle d'audience étaient électriques. Certains se demandaient si le juge avait récemment eu une apparition divine, tandis que d'autres supposaient qu'il avait simplement mangé quelque chose de pas très frais la veille. Quoi qu'il en soit, cette décision était l'occasion pour Muskogee de vivre son propre épisode de "Black Mirror". Et Tyler? Eh bien, il venait de gagner un ticket d'or pour le spectacle le plus long (et peut-être le plus ennuyeux) de sa vie.

Dès que la sentence fut prononcée, Muskogee se transforma en un véritable carrefour de débats. Les cafés, auparavant tranquilles, étaient agités par des discussions animées. "Dix ans d'église ? Même Saint Pierre n'a pas dû passer autant de temps à l'église !", s'esclaffait un habitant. Un autre, ironiquement, suggérait de vendre des tickets pour assister à la messe dominicale, car après tout, cela promettait d'être le spectacle le plus prisé de la décennie.

Pendant ce temps, Tyler, l'anti-héros involontaire de cette saga, se retrouvait à jongler entre son nouveau statut de célébrité locale et les préparatifs pour ses dix années d'assiduité religieuse. Devait-il investir dans un nouveau costume ? Et qu'en est-il d'une Bible avec des notes pour paraître plus engagé ?

Les juristes, eux, étaient en émoi. Les débats animés autour de la séparation de l'Église et de l'État refaisaient surface. Certains se demandaient si le juge Norman n'avait pas outrepassé ses prérogatives, tandis que d'autres applaudissaient sa créativité. "C'est une nouvelle ère pour la justice !" clamait un avocat, peut-être un peu trop enclin à l'exagération.

Au milieu de tout cela, les églises locales se frottaient les mains. L'une d'elles a même lancé une campagne publicitaire : "Venez pour la probation, restez pour la rédemption !". Oui, l'ironie était à son comble à Muskogee.

Tyler, malgré tout, semblait prendre sa peine avec une certaine résignation. Peut-être même avec une pointe d'humour. Après tout, s'il devait passer une décennie à l'église, autant essayer d'en tirer le meilleur parti. Qui sait, peut-être que ce jeune homme, autrefois égaré, trouverait une nouvelle voie, guidé par les hymnes et les paroles d'un prêtre.

Cependant, une chose était certaine : Muskogee ne serait plus jamais la même. Grâce au juge Norman et à sa décision audacieuse, la petite ville d'Oklahoma était devenue le centre d'un débat sur la justice, la foi et la manière dont les deux peuvent parfois s'entremêler de la manière la plus inattendue.

DE LA COUR DE JEU A LA COUR DE JUSTICE

Au cœur de la petite ville de Los Lunas, il était difficile d'imaginer que les infractions routières pourraient atteindre un tel niveau d'absurdité. Certes, il y avait eu quelques affaires curieuses auparavant, mais rien de comparable à cette histoire, qui allait rapidement devenir la source de toutes les discussions autour d'une tasse de café.

Il n'y avait qu'à Los Lunas pour voir un enfant de six ans, bien loin de l'âge légal pour conduire, condamné à assister à l'école de circulation. Mais ce n'était pas une blague ou une erreur judiciaire. Non, c'était le sérieux, quoique légèrement ironique, verdict du juge John "Buddy" Sanchez.

Tout avait commencé un jour banal, lorsque Jessica, une mère locale, avait été verbalisée pour avoir permis à son fils de retirer sa ceinture de sécurité. Ce petit bout de chou avait pris l'habitude de jouer avec sa ceinture, l'enlevant et la remettant à sa guise, malgré les supplications exaspérées de sa mère. Et bien sûr, il avait choisi le moment le plus inopportun pour le faire, juste sous le nez d'un agent de police.

Lorsqu'ils étaient arrivés devant le tribunal, le juge Sanchez, à la mine sévère derrière ses lunettes, avait levé un sourcil à la lecture du dossier. "Jessica," avait-il demandé, "expliquez-moi pourquoi votre fils ne portait-il pas sa ceinture ?"

"Votre Honneur, j'ai essayé de le lui faire mettre, mais il n'écoute pas," avait répondu Jessica, désespérée. Elle avait espéré que le juge pourrait lui donner un petit sermon, quelque chose pour effrayer son fils et le décourager de jouer avec sa ceinture.

Mais le juge Sanchez, toujours prêt à surprendre, avait une autre idée en tête. Et c'est ainsi qu'un petit enfant de six ans s'était retrouvé inscrit à l'école de conduite.

À la mention de cette école, Avilio Chavez, l'instructeur de conduite, avait failli s'étouffer avec son café. "Un enfant de six ans ? Vous plaisantez, monsieur le juge ?" Mais le juge était sérieux. Il voulait que l'enfant apprenne une leçon. Pas n'importe quelle leçon, mais une leçon de sécurité routière.

Jessica, bien qu'initialement surprise, avait rapidement vu le côté positif des choses. C'était peut-être exactement ce dont son fils avait besoin. Et si le juge Sanchez avait une chose pour lui, c'était sa capacité à être à la fois sérieux et ironique dans ses jugements.

Le jour du cours était enfin arrivé, et l'enfant de six ans était assis, les yeux grands ouverts, dans une salle pleine d'adolescents et d'adultes. Tous étaient là pour apprendre la sécurité routière, mais lui, il était le seul à ne pas être en âge de conduire.

Alors que le cours débutait, Chavez, avec un sourire en coin, s'était tourné vers le petit garçon. "Alors, tu es prêt à apprendre comment conduire en toute sécurité ?" Le garçon avait hoché la tête, les yeux brillants d'excitation.

Dans les annales de Los Lunas, l'histoire du juge "Buddy" Sanchez et de cet enfant de six ans se démarquait nettement. Qui aurait cru qu'une ceinture de sécurité débouclée mènerait à l'école de conduite ? C'était comme envoyer un poisson faire du vélo. C'était, en effet, un témoignage ironique de la manière dont le juge Sanchez traitait les affaires courantes : avec une dose d'humour pince-sans-rire et une touche d'originalité. Le café du matin n'avait jamais été aussi animé, les habitants se délectant du dernier tour de force du juge. Mais sous cette façade humoristique, il y avait une leçon profonde, et un enfant qui, malgré tout, semblait prêt à la recevoir.

CONDAMNEE A PASSER LA NUIT DANS LES BOIS

La forêt d'Ohio était silencieuse, à l'exception du bruit lointain des feuilles bruissant sous l'effet du vent automnal. Le 23 novembre 2005, dans cette forêt, Michelle M. Murray, 25 ans, était assise sur un tronc d'arbre, réfléchissant aux décisions qui l'avaient amenée ici. Tout avait commencé par une série d'événements malheureux, qui avaient culminé par l'abandon de 35 chatons dans un parc. Pourtant, alors qu'elle contemplait la lueur naissante du soleil à travers les branches, elle ne pouvait s'empêcher de penser que tout cela était une blague de mauvais goût orchestrée par le juge Cicconetti.

"Les bois", avait déclaré le juge avec une note ironique dans sa voix, "c'est ici que vous allez passer la nuit, Madame Murray. Pour vous mettre à la place de ces pauvres chatons." Michelle avait à peine pu cacher son incrédulité. Après tout, elle avait ses raisons d'abandonner ces chatons, même si elles ne semblaient pas justifiables aux yeux de tous. Elle avait tenté d'expliquer au juge que ces chatons avaient été laissés sur son pas de porte par un inconnu et que la Humane Society (SPA) n'avait pas voulu l'aider. Mais Cicconetti n'était pas du genre à écouter les excuses.

Évidemment, elle aurait pu choisir la prison, mais l'idée de passer 90 jours enfermée l'avait effrayée. Le juge avait alors proposé une alternative : une nuit dans les bois. Seule. Sans eau, ni nourriture, ni divertissement. Comme une mauvaise émission de téléréalité, mais sans les caméras. Elle avait accepté, espérant que cette expérience lui permettrait de reprendre le contrôle de sa vie.

Le juge Cicconetti avait la réputation d'être plutôt inventif en matière de peines. Ce n'était pas la première fois qu'il proposait une peine alternative. Parfois, ses peines avaient des résultats inattendus, comme cet homme qui s'était mis à courir après avoir accepté de s'entraîner pour une course, mais qui avait finalement utilisé cette nouvelle compétence pour voler des sacs à main. Ironiquement, Cicconetti avait réussi à transformer un petit criminel en un criminel plus rapide.

Mais il avait ses raisons. Il croyait fermement à la rédemption et pensait que la meilleure façon de responsabiliser les gens était de les confronter directement aux conséquences de leurs actes. Comme le fait de forcer les conducteurs en excès de vitesse à aider les écoliers à traverser la rue. Une approche étrange, certes, mais elle semblait fonctionner.

Tandis que Michelle essayait de trouver une position confortable pour la nuit, elle repensa à sa situation. Elle se demanda si cette expérience lui permettrait réellement de changer, ou si elle serait simplement une autre statistique dans le livre des peines créatives du juge.

Le matin arriva finalement, apportant avec lui la promesse d'un nouveau départ. Michelle se leva, déterminée à prendre des décisions meilleures et plus réfléchies à l'avenir. Elle savait qu'elle avait encore un long chemin à parcourir, mais une chose était sûre : elle ne reverrait jamais ces bois de la même manière.

Et quelque part, dans son bureau, le juge Cicconetti souriait, satisfait de sa dernière expérience de justice créative. Après tout, il avait toujours dit qu'il fallait parfois sortir des sentiers battus pour trouver la bonne solution. Et dans le cas de Michelle, il espérait avoir trouvé le bon chemin.

CONDAMNE A VIVRE COMME UN SDF

Décembre 2007, Painesville, Ohio. Une ville où l'esprit des fêtes devrait être à son comble, où la générosité et la bienveillance devraient être les mots d'ordre. Cependant, pour Nathen N. Smith, ce mois était marqué d'une tache indélébile. L'acte qu'il a commis ? Voler une bouilloire de dons de l'Armée du Salut, un acte qui pourrait sembler mineur pour certains, mais qui a attiré l'attention du juge Michael A. Cicconetti. Un juge bien connu pour ses sentences... disons... créatives.

Alors que les gens se préparaient à célébrer, faisant des dons et aidant les moins fortunés, Nathen avait vu une opportunité dans cette bouilloire. Peut-être était-ce un acte de désespoir, ou simplement une mauvaise décision prise sur un coup de tête. Quoi qu'il en soit, le juge Cicconetti avait décidé de lui offrir une leçon qu'il n'oublierait jamais.

"Prendre de l'argent à l'Armée du Salut", avait déclaré Cicconetti avec un mélange de dégoût et d'ironie. "C'est comme voler le Père Noël lui-même." La cour était remplie d'un murmure de désapprobation. Georgette Black, la mère de Nathen, avait baissé la tête, honteuse. Nathen, quant à lui, avait pâli, réalisant l'ampleur de son acte.

Après avoir pesé les options, le juge avait proposé sa sentence. Non pas une simple amende ou quelques jours en prison, mais une expérience qui, espérait-il, ferait réfléchir Nathen. "24 heures sans abri", avait déclaré Cicconetti. "Pour que vous puissiez ressentir le froid, la faim et le désespoir que ressentent ceux que vous avez volés."

Ainsi, avec seulement ses vêtements sur le dos, sans un sou en poche, Nathen se retrouvait dans les rues glaciales de Painesville, cherchant refuge contre le froid mordant. La tâche qui l'attendait était immense, et la nuit promettait d'être longue et froide. Mais c'était le prix à payer pour son acte impulsif.

Nathen marchait à pas lents, chaque souffle formant un petit nuage devant lui. Les rues, jadis familières et accueillantes, étaient maintenant hostiles. Les lumières de Noël qui scintillaient aux fenêtres des maisons lui rappelaient ce qu'il avait et ce qu'il avait perdu. La chaleur d'un foyer, la sécurité d'un lit, tout cela lui était maintenant refusé.

Le bracelet GPS à sa cheville tintait à chaque pas, un rappel constant de la surveillance du juge. Même s'il voulait se dérober à cette punition, il n'en avait pas la possibilité. Cicconetti avait tout prévu.

Des familles riaient à l'intérieur de leurs maisons, des enfants couraient dans la neige, jouant insouciants. Et lui, Nathen, était dehors, luttant contre le froid et l'humiliation. Il repensa à la bouilloire, à cet instant où il l'avait prise, pensant qu'elle serait la solution à ses problèmes. Ironiquement, elle n'avait fait que les amplifier.

Il passa devant le Project Hope. Les lumières chaudes à l'intérieur étaient tentantes. Cicconetti avait mentionné qu'il pourrait y trouver refuge si nécessaire. Mais cela signifiait aussi qu'il devrait travailler en échange. Nathen hésita, se demandant si sa fierté valait une nuit glaciale à l'extérieur.

La mère de Nathen, Georgette, regardait anxieusement par la fenêtre de sa maison, espérant apercevoir son fils. Elle comprenait la leçon que Cicconetti voulait lui inculquer, mais son cœur de mère ne pouvait s'empêcher de s'inquiéter.

Pendant ce temps, le major Thomas Hinzman de l'Armée du Salut exprimait sa surprise. "Une leçon dure, mais nécessaire", avait-il déclaré. "Peut-être que Nathen comprendra maintenant la valeur de la charité."

La nuit avançait, et le froid devenait de plus en plus insupportable. Nathen, face à son orgueil et à la dure réalité de sa situation, devait prendre une décision. Se tourner vers ceux qu'il avait trahis pour obtenir de l'aide ou affronter les conséquences de ses actes seul.

La réponse à cette question définirait non seulement sa nuit, mais aussi le reste de sa vie.

VERDICT TRANCHANT ET LE COUP BAS DU JUGE

Dans le paysage judiciaire de la Virginie, où chaque affaire est traitée avec le sérieux qu'elle mérite, une décision récente a fait éclater un rire incrédule chez certains et a évoqué des souvenirs sombres chez d'autres.

Jessie Lee Herald, ce fier Virginien de 27 ans, avec sept enfants issus de six mères différentes, est entré dans cette salle d'audience pour répondre d'une accusation sans lien avec un crime sexuel. La prison ? Probable. Une amende ? Aussi. Mais se faire proposer une stérilisation via une vasectomie comme alternative ? Absolument pas. Le juge, avec un air si sérieux qu'on pourrait penser qu'il venait de décider du sort de l'univers, a prononcé cette proposition étonnante. Une petite intervention chirurgicale, et voilà, tout serait réglé. Enfin, selon le juge.

L'offre, bien que faite avec le plus grand sérieux, semblait tout droit sortie d'une émission de télé-réalité. Ilona White, la procureure adjointe, a tenté de justifier cette proposition audacieuse en affirmant que M. Herald devrait être capable de subvenir aux besoins de ses nombreux enfants à sa sortie. Mais entre nous, on sait tous que c'était une façon déguisée de dire : "Monsieur, vous avez suffisamment contribué à la population de la Virginie."

Le parallèle avec l'eugénisme, ce mouvement qui a autrefois stérilisé ceux qu'il jugeait "indésirables", n'a pas tardé à être évoqué. Certains y ont vu une ressemblance frappante, d'autres l'ont balayé comme une simple coïncidence. Mais à la fin de la journée, la question brûlante demeurait : peut-on vraiment négocier la capacité de procréation d'un homme dans un accord de plaidoyer ?

Alors que les juristes débattaient, la population locale était divisée. Certains applaudissaient le juge pour sa créativité, tandis que d'autres se demandaient si nous n'étions pas en train de glisser sur une pente dangereuse. Dans tous les cas, une chose était certaine : cette affaire allait rester dans les annales judiciaires de la Virginie. Et pendant ce temps, M. Herald se retrouvait face à un choix qui allait bien au-delà de la simple question de la liberté ou de l'incarcération.

Bien entendu, tout ceci n'était pas une première dans l'histoire judiciaire. Des décisions controversées, il y en a eu, mais celle-ci occupait une place particulière. Au-delà des discussions animées dans les cafés et les salons, la sphère juridique elle-même était en ébullition. Certains ont vu dans cette proposition une tentative d'innovation, tandis que d'autres, comme Steve Benjamin, ancien président de la Virginia Association of Criminal Defence Lawyers, l'ont qualifiée d'"ingénierie sociale".

Le passé douloureux de la Virginie, avec ses 8 000 stérilisations forcées au nom de l'eugénisme, planait comme une ombre sur l'affaire. Même si les intentions ici n'étaient pas tout à fait les mêmes, la méthode rappelait des souvenirs. Quand une simple vasectomie est mise en parallèle avec les horreurs de l'histoire, on ne peut s'empêcher de frissonner.

Mais revenons à notre héros malgré lui, M. Herald. Son avocat, Charles Ramsey, a précisé que la proposition ne l'avait pas laissé indifférent. En effet, choisir entre la liberté et la capacité de procréer n'est pas une mince affaire. La question se posait : la justice peut-elle vraiment dicter les conditions de la paternité ?

De son côté, le bureau du shérif du comté de Shenandoah a choisi la voie du silence, laissant M. Herald seul pour contempler la décision qu'il venait d'accepter. Et imaginez un peu ! L'homme a accepté de se faire retirer son droit de procréer à jamais, pour un crime qui, rappelons-le, n'a strictement rien à voir avec ses parties intimes. Absurde, n'est-ce pas ? Pendant que M. Herald, avec son métier de couvreur et son emploi à l'usine de volaille, digère cette décision, la communauté juridique est en émoi, se questionnant sur la légitimité d'une telle proposition.

Cette affaire met en lumière les paradoxes du système judiciaire, questionnant les limites entre la justice et les droits individuels. Si, comme le dit si bien Benjamin, "être père n'est pas un crime", pourquoi donc lier la capacité de procréer à une peine judiciaire ? Avec une telle logique, si Herald vole une pastèque demain, le juge lui imposera-t-il de l'enfoncer cette fois-ci dans son orifice ?

COSTUME DE POULET

Dans la charmante ville de Painesville, nichée le long des rives pittoresques du lac Érié, à l'est de Cleveland, la vie est généralement paisible. Avec une population de 21 000 âmes, cette communauté, proche de Willoughby dans le comté de Lake, Ohio, pourrait ressembler à n'importe quelle autre ville américaine. Cependant, elle abrite une forme unique de justice qui ferait sourire ou hausser les sourcils de n'importe quel passant.

La prostitution, cette vieille profession qui peut jeter une ombre sur même la plus idyllique des villes, est un problème que la police de Painesville a choisi de traiter comme une question de "qualité de vie". Bien que le fléau ne soit pas généralisé, la police est déterminée à le garder sous contrôle. Et comment font-ils cela ? En se montrant créatifs, bien sûr.

Depuis 2001, la police a mis en place des opérations pour cibler ces clients infidèles de la prostitution. Mais ce qui distingue vraiment Painesville, c'est la manière imaginative dont elle traite les contrevenants. Imaginez un homme, pris en flagrant délit, qui se retrouve devant le palais de justice non pas en menottes, mais portant un costume de poulet. Oui, vous avez bien lu. Un costume de poulet. Et ce n'est pas tout. En 2007, trois chanceux hommes ont eu l'opportunité de se promener en costumes de poulets, affichant fièrement une pancarte proclamant : "Il n'y a pas de ranch de poulets à Painesville". Une référence humoristique au célèbre bordel du Texas.

L'idée brillante de cette punition "volaille" vient du juge Mike Cicconetti. Inspiré par le Chicken Ranch Brothel du film "Le meilleur petit bordel du Texas", le juge a décidé de donner une nouvelle tournure à la notion de "peine exemplaire". Selon lui, les méthodes traditionnelles de punition, telles que les amendes et les peines de prison avec sursis, ne semblent pas avoir l'effet escompté. Alors pourquoi ne pas ajouter une pincée d'humiliation publique pour pimenter les choses ?

Ainsi, à Painesville, un homme déguisé en poulet n'est pas une mascotte pour une chaîne de fast-food, mais des clients de prostitués affichant le symbole de la justice créative de la ville

SYNODE CADAVERIQUE

Dans les salles médiévales du Vatican, l'année 897 n'était pas une année comme les autres ; c'était l'année de l'extraordinaire, l'année de l'étrange. Le siège papal en avait vu beaucoup, mais aucun aussi particulier que le pape Formose, dont le règne avait pris fin un an plus tôt. Mais le destin en avait décidé autrement, le pape Formose devait faire face à un procès, un procès comme aucun autre, car il allait être jugé à titre posthume.

Les orchestrateurs de cette macabre session judiciaire étaient le pape Étienne VI et Lambert de Spolète qui trouvaient les politiques de Formose offensantes. Le matin frisquet de janvier vit les salles sacrées de San Giovanni in Laterano se transformer en salle d'audience, une salle d'audience où reposait le corps du pape Formose, vêtu des sacrés habits papaux, assis sur un trône, prêt pour son procès.

La légende raconte que l'assemblée était un spectacle de haute dramaturgie ecclésiastique. La salle était remplie de cardinaux, d'évêques et d'autres dignitaires ecclésiastiques, leurs visages étaient un mélange de peur, de curiosité et d'une pointe de moquerie. À la barre se tenait le pape Étienne VI, son visage était sévère, ses yeux perçaient le silence de la salle.

Les charges furent lues à haute voix ; la salle résonnait des accusations de parjure, de convoitise de la papauté, et de violation des lois de l'église. La défense était, bien sûr, silencieuse, mais l'accusation était ardente, chaque point était souligné par un coup de marteau dramatique. Le concile cadavérique, ou le "Concile cadavérique" comme on l'appelait, était un spectacle de curiosité morbide, l'ironie de la justice rendue n'était pas perdue pour la foule. Les murmures de la foule remplissaient la salle tandis que le pape Étienne VI rendait le verdict. Le cadavre fut reconnu coupable, les vêtements papaux furent déchirés, et les trois doigts utilisés pour les bénédictions furent coupés.

Les salles qui résonnaient autrefois d'hymnes et de prières résonnaient maintenant d'une grotesque parodie de justice. La foule se dispersa, les murmures se transformèrent en histoires, des histoires qui circulaient dans la ville, des histoires d'un pape mort qui avait été jugé.

Le procès était plus qu'un événement ; c'était une déclaration, une manifestation du tumulte politique et de la vendetta qui sévissait au Saint-Siège. L'acte n'était pas seulement une critique du pape Formose, mais une grotesque démonstration de pouvoir et de contrôle, une tentative de réécrire l'histoire, d'effacer un héritage qui était considéré comme une menace.

Dans les jours qui suivirent, la ville bourdonnait de débats, de discussions et d'incrédulité. Le récit du procès du pape mort n'était pas seulement un récit du Vatican, mais un récit de l'époque, une réflexion ironique sur les dynamiques de pouvoir et la vendetta politique qui marquaient l'époque.

Les répercussions furent considérables. L'indignation publique conduisit au renversement du pape Étienne VI, et les papes suivants réhabilitèrent l'honneur de Formose, mais la cicatrice sur la sainteté du siège papal demeura.

Alors que le soleil se couchait à l'horizon, projetant de longues ombres sur le Vatican, le récit du procès s'estompa dans les annales de l'histoire, laissant derrière lui un héritage d'ironie, une leçon de pouvoir, de vendetta, et du drame grotesque qui s'était déroulé dans les salles sacrées.

Le procès du pape Formose n'était pas seulement un procès ; c'était une démonstration dramatique de rivalité ecclésiastique et politique qui montrait jusqu'où les hommes pouvaient aller pour régler leurs comptes, même si cela signifiait exhumer les morts et les mettre en procès.

Le récit se terminait, mais les échos de ce procès bizarre résonnaient à travers les annales de l'histoire, un chapitre grotesque mais fascinant dans les chroniques du Vatican, une ironie à la fois tragique et comique, un récit qui était aussi réel qu'il était surréaliste.

LES SORCIERES DE SALEM

Dans les annales de la Nouvelle-Angleterre, l'année 1692 était gravée d'une encre sombre et impérissable. Les bourgades paisibles étaient autrefois des havres de tranquillité, des refuges contre le tumulte de l'ancien monde. Cependant, Salem Village était sur le point de sombrer dans une spirale d'hystérie collective qui écorcherait son nom dans le marbre de l'histoire.

Le printemps frisquet vit l'éclosion d'une peur insidieuse, une peur qui se glissait dans les foyers, faisant trembler les cœurs les plus robustes. Les murmures de sorcellerie commençaient à effleurer les oreilles des puritains. Les accusations déferlaient comme des vagues amères sur les rivages de l'innocence. L'ombre de la suspicion planait sur Salem, éclipsant la lumière de la raison.

La cour était assemblée dans l'enceinte austère de la maison de l'église. Le bois grinçait sous le poids des accusateurs et des accusés, et l'air était lourd d'accusations non fondées et de peurs non dites. Le révérend Parris, avec ses yeux de feu et sa foi inébranlable en la vertu puritaine, était prêt à purger le mal de son troupeau.

Les femmes accusées étaient amenées devant la cour, leurs visages étaient pâles, leurs mains tremblaient, mais leurs yeux étaient résolus. Les accusations étaient aussi absurdes que terrifiantes ; des pactes avec le diable, des sorts jetés, et des apparitions diaboliques.

Les témoignages étaient une cacophonie de peurs révélées et de mensonges entrelacés. Les jeunes filles, les soi-disant victimes de sorcellerie, convulsaient et criaient en présence des accusées. Les spectacles étaient aussi réels que les faits étaient fabriqués.

Fig 1 : Deux femmes sont jugées en 1682 illustration Howard Pyle.

Le révérend Parris et les juges, avec leurs visages stoïques et leurs cœurs de pierre, décidèrent du sort des accusées avec une certitude qui ne laissait aucune place au doute ou à la compassion. Chaque verdict prononcé était un écho sinistre dans les vallées de la justice et de la morale.

La peur était devenue la loi, et l'ironie était que ceux qui prêchaient la vertu et la justice étaient devenus les juges, les jurés, et les bourreaux. Les premières victimes de cette hystérie collective étaient condamnées à la pendaison, mais la soif de justice des puritains n'était pas encore étanchée. La cour sombre de Salem avait ouvert ses portes, et l'hystérie ne faisait que commencer.

Les flammes de la suspicion s'élevaient bien au-dessus des modestes demeures de Salem Village, engloutissant la raison dans un brouillard sombre de peur et de paranoïa. La lumière du jour apportait avec elle de nouvelles accusations, de nouveaux procès, et de nouvelles exécutions. Les âmes innocentes étaient arrachées de leur doux foyer, jetées dans la tourmente d'une justice déformée.

Avec chaque aurore, les cœurs de Salem devenaient plus froids, la haine et la peur éclipsant l'amour et la compassion. Les rues autrefois animées par les rires des enfants étaient maintenant hantées par les ombres de la suspicion. Les amis se transformaient en accusateurs, les voisins en ennemis.

Dans les profondeurs de la nuit, les silhouettes des accusés, pendus aux arbres de la justice erronée, dansaient aux rythmes des vents amers. Leurs yeux vides fixaient le ciel obscur, cherchant peut-être une lueur d'espoir, un souffle de justice dans ce monde cruel.

Le révérend Parris, avec sa foi inébranlable en sa mission divine, continuait sa chasse sans relâche. Les juges, avec leurs cœurs de pierre, prononçaient des verdicts sans remords, sans réflexion. Ils étaient devenus les pions d'une hystérie collective, les instruments d'une peur sans fondement.

Les voix des accusés résonnaient dans l'enceinte de la cour, des supplications pour la miséricorde, des cris d'innocence, mais elles étaient noyées dans le tumulte de l'accusation. Les visages des accusés reflétaient la tragédie de la justice perdue, l'ironie de la vertu prétendue.

La saga des procès des sorcières de Salem n'était pas seulement un chapitre sombre dans l'histoire de la Nouvelle-Angleterre, mais un miroir réfléchissant la nature sombre de l'humanité, les abîmes de peur et de paranoïa dans lesquels les sociétés peuvent sombrer.

Avec le temps, Salem Village retrouva son calme, les pages de l'hystérie furent tournées, mais les ombres de ces jours sombres continuaient de hanter les rues. L'histoire de Salem restait une mise en garde sévère contre les dangers de l'hystérie collective et la facilité avec laquelle la justice pouvait être déformée.

Les souvenirs de la conspiration des ombres continuaient à résonner à travers les âges, un rappel ironique et sombre des profondeurs auxquelles l'humanité pouvait descendre sous l'emprise de la peur et de la suspicion.

Fig 2 : Arrestation d'une « présumée » sorcière, illustration Howard Pyle.

PROCES DE LA STATUE

Il y a dans l'histoire, des épisodes qui défient la logique et plongent profondément dans les abysses de l'irrationnel. L'île de Thasos, nichée dans la mer Égée, fut le théâtre d'un tel épisode en des temps anciens. Théagène de Thasos, un athlète légendaire et un héros local, avait été honoré par une statue érigée en son honneur. Mais peu savaient que ce bloc de marbre deviendrait le protagoniste d'un drame judiciaire des plus insolites.

Le jour était arrivé, un jour que même les dieux de l'Olympe auraient marqué d'un sourire narquois. La statue de Théagène était sur le point d'être jugée pour meurtre. Oui, vous avez bien lu, une statue accusée de meurtre.

Le soleil brillait d'une lumière moqueuse sur l'agora de Thasos, où les citoyens s'étaient rassemblés, les uns avec sérieux, les autres avec une ironie à peine voilée sur leur visage. La scène était digne d'une comédie des dieux, avec des hommes sérieux débattant du sort d'un morceau de pierre.

Le plaignant, un descendant du rival de Théagène, prétendait que la statue avait tué son ancêtre en tombant sur lui. Le tribunal était ouvert, et le drame humain se déroulait avec un sérieux imperturbable.

Les orateurs débattaient avec ferveur, leurs arguments volaient à travers l'air, tentant de prouver ou de réfuter la culpabilité du marbre inanimé. Les témoins étaient appelés, les témoignages étaient donnés, et la statue restait là, stoïque et silencieuse, observant les mortels s'embourber dans le marais de l'absurdité.

Les hommes de loi citaient les lois, les philosophes citaient la logique, et le peuple de Thasos était tiraillé entre l'ironie et la gravité de la situation. Chaque argument semblait apporter une couche supplémentaire d'absurdité à la farce qui se déroulait.

L'accusation clamait la vengeance, le droit et la justice, tandis que la défense plaidait l'innocence d'un bloc de marbre incapable de malice. Le ciel au-dessus semblait rire silencieusement de la comédie humaine qui se déroulait en dessous.

Alors que le jour cédait la place à la nuit, le tribunal continuait de délibérer, l'ironie de la situation n'échappant à personne. Et dans ce théâtre d'absurdité, la statue de Théagène restait imperturbable, un témoin silencieux de la folie humaine.

La lune, témoin silencieux, jetait un éclat doux sur l'agora. Les étoiles semblaient clignoter en rythme avec les arguments des mortels en dessous. La statue de Théagène, quant à elle, continuait de se tenir avec une dignité que même les vivants présents auraient pu envier.

Le débat s'intensifiait, les voix se haussaient, et l'ironie de la situation devenait un nuage palpable dans l'air. Les lois de la nature et de l'homme étaient en collision dans un spectacle de comédie tragique.

L'accusateur principal, avec une rage mal contenue, dépeignait la statue comme un assassin silencieux, un tueur de marbre. Ses arguments, bien que chargés d'émotion, semblaient perdre leur poids face à l'objet inanimé du délit.

La défense, d'autre part, arborait un sourire ironique, pointant du doigt l'absurdité de la situation, implorant la raison au milieu du chaos irrationnel. Mais la raison semblait avoir pris congé de l'île de Thasos ce jour-là.

Les heures s'écoulaient, mais le verdict restait insaisissable. Le peuple de Thasos, fatigué mais amusé, attendait avec impatience la conclusion de ce drame. Les murmures et les rires se faufilaient à travers la foule, se moquant du spectacle de justice déformée.

Finalement, comme le crépuscule cédait la place à l'aube d'un nouveau jour, le verdict fut prononcé. La statue fut acquittée, la raison semblait avoir triomphé, du moins pour le moment.

L'accusateur était abattu, mais la statue de Théagène restait impassible, son marbre froid reflétant les premiers rayons du soleil.

Les citoyens de Thasos se dispersèrent, leurs rires et leurs conversations animées emplissaient l'air frais du matin. Le tribunal de Thasos était devenu une légende, une farce qui serait racontée à travers les âges.

Alors que la tranquillité revenait sur l'île, la statue de Théagène continuait de se tenir fièrement, un rappel silencieux et ironique de la journée où la justice humaine avait été mise à l'épreuve par un bloc de marbre.

L'épisode du procès de la statue était un miroir reflet des absurdités humaines, une comédie des erreurs qui resterait gravée dans la mémoire de Thasos, une histoire qui se moquait doucement de la prétention humaine à la rationalité et à la justice.

LE JUGEMENT DE L'ÉPEE

Dans les annales de la justice médiévale française, peu d'événements rivalisent avec l'éclat spectaculaire du duel judiciaire entre Jean de Carrouges et Jacques Le Gris en 1386. Ce duel, une bataille à mort autorisée par le Parlement de Paris, fut orchestré pour résoudre une accusation grave portée par Jean de Carrouges envers Jacques Le Gris, celui-ci étant accusé de violer Marguerite, la femme de Carrouges.

La sombre soirée du 13 février 1386, Jacques Le Gris, un écuyer et chambellan favori du comte Pierre II d'Alençon, avait rendu visite au manoir des Carrouges. Sous le couvert de la nuit, Le Gris aurait profané l'honneur de Marguerite, la laissant dans un état de détresse et de déshonneur.

La réclamation de Jean de Carrouges ne tomba pas dans l'oreille d'un sourd. Le Parlement de Paris, dans une tentative de juger l'affaire, autorisa un duel judiciaire, une pratique héritée des ordalies du Moyen Âge où le combat servait de moyen pour déterminer la vérité. La loi stipulait que dans les cas où la preuve était insuffisante, et où l'accusation était assez grave, le duel pouvait être un moyen acceptable de résolution4.

Le 29 décembre 1386, sous un ciel hivernal gris, les épées s'entrechoquèrent, les armures résonnèrent sur le champ de bataille aménagé. Les yeux du public étaient fixés sur les deux hommes, le destin de Jacques Le Gris pendait au bout de l'épée de Jean de Carrouges.

Le duel fut brutal et sans merci, chaque coup d'épée emportait avec lui le poids de l'honneur et de la justice. Finalement, c'était l'épée de Carrouges qui trouva sa marque, mettant fin à la vie de Le Gris et, par conséquent, prouvant son accusation aux yeux du public et de la justice médiévale.

Avec la mort de Le Gris, Carrouges fut comblé de faveurs et accueilli dans l'entourage royal, devenant chambellan du roi. La justice, bien que primitive selon les normes modernes, avait été servie sur la pointe de l'épée.

Mais cette affaire était plus qu'un simple duel, elle reflétait la nature complexe et souvent brutale de la justice médiévale. Elle exposait la dépendance de la société de l'époque envers les modes de preuve physiques en l'absence de preuves factuelles suffisantes. La vie et la mort étaient décidées en combat ouvert, et la vérité était révélée à travers le fer et le sang.

Le souvenir du duel entre Jean de Carrouges et Jacques Le Gris reste un chapitre sombre, mais fascinant de l'histoire judiciaire française. C'est une fenêtre sur une époque où l'honneur, la vengeance et la justice étaient inextricablement liés au fil de l'épée. Un monde où les hommes mettaient leur vie en jeu pour prouver leur innocence ou valider leur honneur. C'était une époque où le destin d'un homme pouvait basculer en un instant, sur l'arête d'une lame affûtée.

L'affaire de Carrouges contre Le Gris est entrée dans la mémoire de l'histoire comme un témoignage de l'incroyable tension entre la justice et la vengeance, entre la vérité et l'honneur. Elle démontre la manière dont la société médiévale abordait les conflits et les désaccords, en accordant une place centrale à la force physique comme moyen de résolution, souvent au détriment de la vérité objective.

Dans le sillage de ce duel épique, le Parlement de Paris commença à réévaluer la légitimité et la justesse des duels judiciaires. L'affaire suscita des débats fervents parmi les intellectuels et la noblesse de l'époque, questionnant la moralité et l'efficacité de tels modes de résolution des conflits.

L'écho de l'acier entrechoquant résonne encore à travers les âges, un rappel sombre mais captivant de l'histoire complexe de la justice et de l'honneur dans la France médiévale. Et bien que le temps ait progressivement effacé les traces de sang sur le champ de bataille, le souvenir de ce duel, et les questions qu'il soulève, demeurent fermement ancrés dans le patrimoine culturel et juridique de la France.

Fig1 : Le dernier duel décrit par Jean de Wavrin

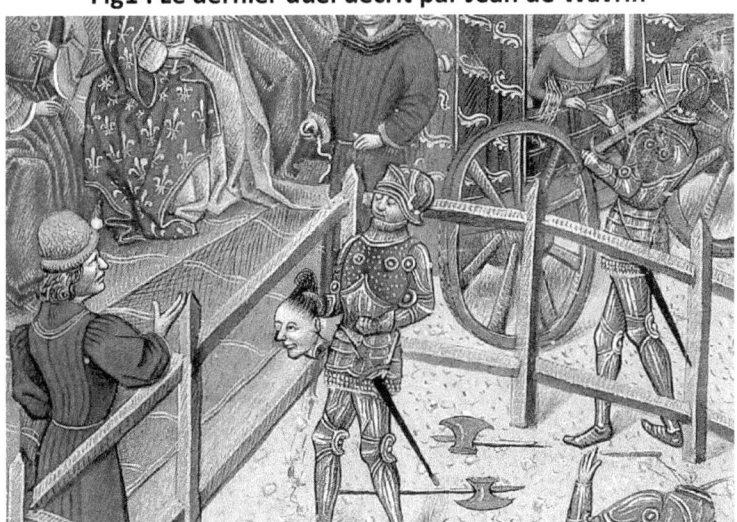

SOBRIETE FORCEE POUR UN HANDICAPE JAPONAIS

Il semblerait que la culture de dégustation de vin ait trouvé un terrain glissant, ou plutôt une roue coincée, dans une affaire récente qui a fait surface à Tokyo. Un quinquagénaire, dont le seul tort est de se déplacer sur quatre roues pieds, s'est retrouvé dans une situation pour le moins incongrue lors d'une dégustation de vin organisée dans le magasin Seibu de la capitale nippone. Le goût du vin, semble-t-il, lui a été refusé après deux verres sous prétexte de "sécurité". Un argument qui, à première vue, pourrait sembler raisonnable, mais qui, à y regarder de plus près, pue la discrimination.

Ce n'est pas tous les jours qu'on voit un amateur de vin être privé de son élixir préféré, surtout dans un pays où la consommation d'alcool est une tradition bien ancrée. Pourtant, notre protagoniste s'est vu signifier un arrêt soudain de dégustation, le personnel du magasin brandissant des instructions excluant explicitement les clients en fauteuil roulant du plaisir œnologique. Un cas clair de discrimination, a clamé l'homme, décidant alors de rouler son fauteuil jusqu'aux portes du tribunal.

Réclamant une somme de 1,7 million de yens (environ 15.000 dollars) en guise de dommages et intérêts, l'homme a souligné l'injustice de la situation. Lors du procès, son avocat a mis en avant que les utilisateurs de fauteuils roulants ne sont pas synonymes de chaos ambulant, contrairement à ce que semblent penser les organisateurs de la dégustation. Les fauteuils roulants, manuels ou électriques, sont classés comme "piétons" selon la loi japonaise, et leur assimilation à des engins de démolition sur roues est pour le moins exagérée.

D'un autre côté, la défense a maintenu que l'interdiction était un gage de sécurité, un argument qui semble flirter avec l'absurde lorsqu'on le met en balance avec les droits de l'individu.

La salle d'audience a été le théâtre d'un combat entre la rationalité et l'irrationalité, mettant en lumière une facette de la discrimination souvent ignorée. L'affaire, bien qu'insolite, soulève des questions sérieuses sur l'inclusivité et l'égalité dans la société japonaise contemporaine.

Alors que le jugement a finalement été rendu en défaveur du plaignant, ce procès a mis en lumière l'importance de questionner les barrières discriminatoires, même dans des circonstances aussi insolites que celle-ci.

L'ironie amère de la situation est que la sobriété forcée, loin de refléter une réelle préoccupation pour la sécurité, a plutôt révélé un préjugé profondément ancré. Ce procès, bien qu'ayant abouti à une décision décevante pour le plaignant, pourrait néanmoins susciter une prise de conscience et, espérons-le, pousser vers une société plus inclusive où le droit de déguster un bon vin ne serait pas entravé par la mobilité réduite d'un individu.

MASSACRE CAPILLAIRE A NEW DELHI

Dans le microcosme capillaire de New Delhi, un drame digne d'une tragi-comédie s'est joué entre les murs d'un salon de coiffure huppé et les bancs du tribunal. Aashna Roy, une mannequin aspirante, a vu ses rêves de gloire s'envoler, ou plutôt s'effriter sous les ciseaux impitoyables d'un coiffeur de l'hôtel ITC Maurya. Souhaitant simplement rafraichir 10 centimètres de ses mèches pour afficher une allure soignée devant un panel d'entretiens, elle s'est retrouvée avec une coupe radicalement différente, laissant à peine 10 centimètres de cheveux sur sa tête. Une surprise capillaire qui a, selon elle, mis en péril sa carrière naissante.

Les ciseaux du coiffeur ont tranché plus que de simples mèches, ils ont ouvert la voie à une bataille juridique acharnée. Le tribunal des consommateurs de New Delhi, touché par la détresse de Mme Roy, a tranché en sa faveur en allouant une somme rondelette de 231 000 euros en guise de dédommagement. La détresse de Mme Roy n'était pas uniquement ancrée dans le choc esthétique de voir sa chevelure réduite à une simple frange, mais s'étendait bien au-delà, touchant les fibres de son estime personnelle et de son identité professionnelle. La coupe calamiteuse avait, selon elle, projeté une ombre longue et frisée sur sa carrière de mannequin, causant la perte de contrats précieux et, par conséquent, une perte substantielle de revenus. L'humiliation publique et la honte personnelle engendrées par ce qu'elle a décrit comme un "massacre à la tondeuse" ont eu des répercussions néfastes sur son bien-être émotionnel, la précipitant dans une spirale de dépression et d'angoisse. La somme allouée semblait, du moins sur le papier, réparer les dommages financiers et offrir une sorte de réparation morale pour le préjudice causé par ce qui pourrait être considéré comme le "massacre à la tondeuse" du 21e siècle.

Cependant, l'affaire a rebondi jusqu'aux hautes sphères de la justice indienne, la Cour Suprême. Ici, les juges, moins émus par le drame capillaire, ont trouvé la somme accordée "extrêmement excessive et disproportionnée". Ils ont souligné l'importance des preuves matérielles pour étayer les revendications de dédommagements, et ont renvoyé l'affaire pour une réévaluation des dommages.

Et que fait le salon de coiffure face à cette tourmente judiciaire ? Il propose, avec un sens de l'ironie peut-être involontaire, une séance de coiffure gratuite à Roy, une fois que ses cheveux auront repoussé. Quel toupet ! Proposer de rectifier le tir quand les cheveux auront repoussé, c'est un peu comme proposer un parapluie après la tempête.

Ainsi, le salon de coiffure, malgré son coup de ciseaux malheureux, semble s'en sortir avec rien de plus qu'un léger effleurement juridique, tandis que Mme Roy attend que justice soit faite... et que ses cheveux repoussent. Cette affaire, cocasse mais révélatrice, nous rappelle que dans le monde de la justice comme dans celui de la coiffure, le diable se cache souvent dans les détails... et dans la longueur des cheveux.

FUMER DE LA MARIJUANA AU TRIBUNAL

Janvier 2020, le tribunal du comté de Wilson est le théâtre d'une scène insolite, voire rocambolesque. Spencer Boston, un jeune homme de 20 ans, se tient devant le juge Haywood Barry, non pas simplement pour répondre de ses infractions routières précédentes, mais pour faire une déclaration fumante sur la légalisation de la marijuana. À la surprise générale, il allume un joint de marijuana en plein tribunal, sous l'œil médusé du juge et des spectateurs. Ce geste audacieux, bien que démesuré, est un acte de désobéissance civile, une protestation pacifique contre les lois régissant une "plante médicinale non mortelle".

L'acte de Boston n'était pas une farce, comme certains auraient pu le supposer. Selon son avocat, Blake Kelley, c'était une manifestation sérieuse et ordonnée contre les lois qu'il jugeait injustes. Bien que cette méthode de protestation soit pour le moins non conventionnelle, elle illustre la frustration de certains citoyens face à la législation sur la marijuana.

L'incident conduit Boston directement derrière les barreaux pour outrage au tribunal. Un séjour de dix jours en prison qui semble être une réflexion forcée sur son acte audacieux. À sa sortie, le 6 février, après avoir réglé une caution de 3 000 $, Boston, par l'intermédiaire de son avocat, présente ses excuses à l'honorable juge, tout en réaffirmant son engagement envers la cause qu'il défend.

Un élan de soutien se manifeste envers Boston à travers une page GoFundMe intitulée "Free Spencer Boston", qui recueille 7 500$. La somme récoltée couvre sa caution et laisse un excédent de 4 500$. La rumeur, avec une pointe d'ironie, suggère que cet excédent a été utilisé pour financer sa consommation personnelle de marijuana.

Boston, bien que dans une position délicate, avec des accusations supplémentaires de conduite désordonnée et de possession simple, maintient son désir de protester pacifiquement contre ce qu'il considère comme des lois injustes. Son avocat assure que Boston maintiendra un comportement bon, légal et ordonné à l'avenir, peut-être avec un peu moins de fumée cette fois.

LA DERNIERE SORCIERE D'ANGLETERRE

Dans le théâtre coloré des procès inhabituels et insolites, l'affaire d'Helen Duncan occupe une place de choix. Connue sous le surnom de "la dernière sorcière d'Angleterre", Duncan a été la dernière personne à être emprisonnée en vertu de la loi sur la sorcellerie de 1735. L'ironie de cette affaire est d'autant plus manifeste lorsqu'on la place dans le contexte du 20ème siècle, une époque de guerres mondiales, de découvertes scientifiques et d'avancements technologiques. Pourtant, dans l'arène judiciaire, les vieux démons de la superstition se faisaient encore sentir.

Helen Duncan, née en Écosse en 1897, était une médium spirituelle qui prétendait communiquer avec les esprits des morts. Son "talent" a attiré l'attention pendant la Seconde Guerre Mondiale, époque à laquelle le peuple, désespéré et anxieux, cherchait des réponses et du réconfort auprès de l'au-delà. Les séances de Duncan étaient bien fréquentées, et les participants rapportaient souvent des expériences bouleversantes et mystiques, renforçant ainsi la réputation de Duncan. Cependant, son succès a également attiré le scepticisme et l'attention des autorités.

Le point de basculement est survenu en 1941, lorsqu'elle a, prétendument, révélé le naufrage du HMS Barham avant que l'information ne soit rendue publique. Les autorités, méfiantes et peut-être un peu paranoïaques, ont vu en Duncan une menace potentielle pour la sécurité nationale. Après tout, comment une simple femme au foyer pouvait-elle avoir accès à des informations aussi sensibles à moins d'être une espionne, ou pire, une sorcière ?

Le procès qui a suivi en 1944 était rien moins qu'un spectacle. Duncan a été accusée en vertu de la loi sur la sorcellerie, une législation archaïque dans une ère modernisée. L'ironie de la situation était palpable. Alors que les avocats se disputaient la légitimité des accusations de sorcellerie, le monde extérieur continuait de se battre contre les horreurs tangibles de la guerre. La cour était remplie de spectateurs curieux, avocats farfelus et témoins hétéroclites, créant une atmosphère qui oscillait entre le sérieux judiciaire et le cirque médiatique.

Condamnée et emprisonnée, l'affaire de Duncan a mis en lumière les anachronismes de la justice de l'époque. À une époque où les hommes volaient dans les cieux et décryptaient les codes secrets de l'ennemi, une femme était jugée pour des accusations relevant de l'âge sombre de la superstition. Le procès d'Helen Duncan demeure un chapitre fascinant et ironique de l'histoire judiciaire, un miroir qui reflète les contradictions et les faiblesses inhérentes au système judiciaire.

Alors que le monde extérieur était en proie à la fureur de la Seconde Guerre Mondiale, l'arène judiciaire britannique était en train de juger une femme sous des accusations archaïques de sorcellerie. L'absurdité de la situation était un tableau vivant de l'incongruité entre le progrès moderne et les ombres du passé qui hantaient encore les couloirs de la justice.

Le cas d'Helen Duncan est révélateur des tensions culturelles et sociales de l'époque. D'une part, il y avait une soif de rationalité et de modernité, symbolisée par les progrès scientifiques et technologiques. D'autre part, les superstitions ancestrales et la peur de l'inconnu trouvaient encore un écho dans les couloirs du pouvoir. Le procès de Duncan était une manifestation de ces tensions, un spectacle judiciaire qui oscillait entre la comédie et la tragédie.

Dans la salle d'audience, les témoignages des défenseurs de Duncan étaient souvent reçus avec des rires moqueurs, tandis que les procureurs tentaient de démontrer la menace que représentait une femme qui prétendait parler aux morts. Les témoins se succédaient à la barre, certains affirmant avoir été témoins de phénomènes surnaturels lors des séances, d'autres critiquant la supercherie évidente de Duncan. Le débat juridique sur la réalité de la sorcellerie était devenu un spectacle public, attirant l'attention des médias et du public.

Les journaux de l'époque dépeignaient l'affaire avec une pointe d'ironie mordante, mettant en lumière la dichotomie entre les préoccupations terrestres urgentes de la guerre et les débats surannés sur la sorcellerie. La presse avait trouvé dans le procès d'Helen Duncan un exutoire pour critiquer les vieilles institutions et les lois désuètes qui régissaient encore la société.

L'ironie amère de la situation était que, pendant que les jurés débattaient de la culpabilité d'une prétendue sorcière, des bombes tombaient sur les villes européennes et des vies étaient perdues sur les champs de bataille. L'absurdité de l'affaire Duncan était un reflet des contradictions de l'humanité, capable de grandes réalisations intellectuelles tout en restant enchaînée aux superstitions du passé.

Fig 1 : Portrait of Helen Duncan

PANTALON A 54 MILLIONS

Au cœur de la capitale américaine, la salle d'audience résonnait d'une affaire qui allait entrer dans les annales des procès insolites. Roy L. Pearson, Jr., un juge administratif de Washington, D.C., était sur le point de faire la une des journaux, non pour ses exploits judiciaires, mais pour une affaire de pantalon perdu. A l'intersection du sérieux et de l'absurde, l'affaire Pearson contre Custom Cleaners illustre l'intrigue fascinante et souvent ironique du système judiciaire.

Pearson, connu pour son sérieux sur le banc, s'est trouvé dans une mésaventure vestimentaire en 2005. Après avoir confié plusieurs costumes à Custom Cleaners pour nettoyage, il découvrit que l'un de ses pantalons avait disparu. Il demanda alors à être remboursé du prix d'achat du costume, soit 1 000 dollars, mais les propriétaires de la laverie refusèrent, affirmant avoir retrouvé le pantalon une semaine plus tard. Pearson, cependant, nia que le pantalon retrouvé était le sien.

Ce qui aurait pu se terminer par un simple arrangement s'est transformé en une saga judiciaire. Pearson, invoquant la loi de protection des consommateurs de Washington, intenta un procès contre la petite entreprise de nettoyage à sec, réclamant initialement 67 millions de dollars de dommages-intérêts, une somme qui fut par la suite ramenée à 54 millions de dollars. L'affaire, désormais connue sous le nom de "l'affaire du pantalon à 54 millions de dollars", a captivé l'attention nationale et internationale.

L'ironie de la situation était palpable. Tandis que Pearson, un juge, cherchait justice pour un pantalon perdu, la somme astronomique réclamée mettait en lumière l'extravagance potentielle du système judiciaire. Le montant demandé était dérivé des amendes maximales autorisées par la loi sur la protection des consommateurs, multipliées par le nombre de jours durant lesquels l'entreprise avait enfreint cette loi, selon l'interprétation de Pearson.

Les médias et l'opinion publique étaient à la fois amusés et outrés. Les titres des journaux oscillaient entre l'humour et l'incrédulité, mettant en lumière le fossé entre la lettre de la loi et l'esprit de la loi. L'affaire a été perçue par beaucoup comme un exemple d'abus du système judiciaire, et a suscité un débat sur la nécessité de réformer la législation sur la protection des consommateurs.

Finalement, la cour supérieure a rejeté la plainte de Pearson, et le juge Neal Kravitz a exprimé des doutes importants sur la sincérité du plaignant. Ce verdict a non seulement marqué la fin d'un chapitre judiciaire singulier, mais a également soulevé des questions sur l'équilibre entre les droits des consommateurs et la raison.

En écho à l'ironie de l'affaire, Pearson a été suspendu de ses fonctions de juge administratif pendant 90 jours par la Cour d'appel du District de Columbia, mettant ainsi en lumière les conséquences de l'abus du système judiciaire même par ceux censés le défendre.

L'affaire du pantalon à 54 millions de dollars reste gravée dans la mémoire collective comme un rappel humoristique et ironique des limites du système judiciaire, et de la manière dont l'absurde et le sérieux peuvent parfois se côtoyer dans le monde de la justice.

MAGIE GABONAISE

Au cœur de la forêt gabonaise, là où la nature règne en maître et où les légendes prennent vie, se déroula un jour de 1963 une scène qui allait bouleverser la petite communauté de Boué. Biyeke Etienne, un chasseur respecté de la région, s'était aventuré comme à son habitude à la recherche de gibier. Armé et attentif, il se faufilait entre les arbres, guidé par les cris lointains des singes.

L'après-midi avançait, et l'ombre des arbres s'allongeait, rendant la forêt encore plus mystérieuse. C'est à ce moment-là que Biyeke perçut des mouvements dans les fourrés. Des feuillages frémissants, des bruits de pas précipités, tout indiquait la présence d'un animal. Mais ce n'était pas n'importe quel animal. Alors que Biyeke s'approchait discrètement, il aperçut ce qu'il croyait être un chimpanzé.

Sans hésitation, il ajusta sa visée et tira. Le coup résonna dans la forêt, suivi d'un cri étrange, presque humain. A sa grande surprise, ce n'était pas un chimpanzé qui gisait devant lui, mais Joseph Akoué, un homme bien connu du village. Le sang se figea dans les veines de Biyeke. Comment cela était-il possible ? Avait-il réellement tiré sur un homme, ou y avait-il une explication plus mystique à cette tragédie ?

Les légendes de la forêt parlaient d'hommes capables de se transformer en animaux. Les anciens du village racontaient ces histoires autour des feux de camp, évoquant des guerriers et des chasseurs qui avaient acquis le don de la métamorphose. Pour Biyeke, ces récits étaient jusqu'alors de simples contes pour effrayer les enfants. Mais face à la réalité de ce qu'il venait de faire, ces légendes prenaient soudainement un sens terrifiant.

Biyeke, le cœur lourd de remords et de confusion, retourna au village pour raconter ce qu'il s'était passé. Les villageois, choqués, se divisèrent. Certains voulaient sa tête, tandis que d'autres rappelaient les légendes de la forêt. La nouvelle de ce drame ne tarda pas à se répandre, et bientôt, tout le Gabon parlait de l'affaire de l'homme-singe.

La question se posait : Biyeke était-il coupable d'homicide, ou avait-il réellement tiré sur un singe qui s'était ensuite transformé en homme ? La réponse à cette question, aussi incroyable soit-elle, allait être tranchée par la justice gabonaise...

L'année 1964 vit l'affaire de l'homme-singe prendre une tournure encore plus surprenante. L'histoire, déjà singulière, se transporta du cœur de la forêt dense à l'intérieur solennel d'une salle d'audience à Boué. Biyeke Etienne, autrefois respecté pour ses talents de chasseur, se trouvait désormais sur le banc des accusés, face à une foule partagée entre sympathie, scepticisme et indignation.

L'accusation était grave : homicide involontaire sur la personne de Joseph Akoué. La défense de Biyeke, elle, était des plus inhabituelles : il avait cru tirer sur un chimpanzé, et non sur un homme. Mais comment convaincre un tribunal moderne de la véracité de tels propos, surtout lorsque ceux-ci s'appuient sur des légendes anciennes ?

Le procès captiva l'attention bien au-delà des frontières de Boué. La salle d'audience était pleine à craquer, les journalistes se pressant pour relayer cette affaire insolite au monde entier. Chaque témoignage semblait ajouter une couche supplémentaire au mystère. Des villageois attestèrent de la croyance selon laquelle certains individus pouvaient, en effet, se transformer en animaux. Des chasseurs racontèrent avoir été témoins de phénomènes similaires. Et, à travers tout cela, Biyeke, le visage grave, maintenait sa version des faits.

L'argument central de la défense reposait sur une croyance culturelle profondément ancrée. Si Joseph Akoué s'était transformé en chimpanzé ce jour-là, alors Biyeke ne pouvait être tenu responsable de ses actes. Le procureur, cependant, plaidait la négligence et l'imprudence, arguant que les croyances traditionnelles ne devaient pas interférer avec la lettre de la loi.

Le moment du verdict fut tendu. La salle retint son souffle lorsque le juge, après avoir pesé les arguments des deux côtés, prit la parole. Contre toute attente, Biyeke fut acquitté. Le tribunal reconnut la possibilité de la métamorphose, s'appuyant sur la riche tapestry de croyances et de traditions gabonaises.

AVION DE COMBAT PEPSI

L'affaire Leonard v. PepsiCo, connue sous le nom de l'affaire Pepsi Points, se trouve à la croisée de l'absurde et de la légalité, offrant une fenêtre sur les intrications du droit des contrats américain et l'importance de l'offre et de l'acceptation dans les transactions commerciales. C'est l'histoire d'un consommateur, John Leonard, qui a voulu prendre au mot une publicité humoristique de Pepsi, et d'une entreprise qui a dû défendre l'intention satirique de son marketing devant les tribunaux.

En 1996, dans le cadre d'une campagne promotionnelle, PepsiCo lança un programme de fidélité permettant aux clients d'accumuler des "Pepsi Points" échangeables contre des articles divers. Un de ses spots publicitaires, visant à promouvoir ce programme, mettait en scène un jeune homme arrivant à l'école à bord d'un jet Harrier, indiquant que le jet pourrait être échangé contre 7 000 000 de Pepsi Points. John Leonard, un étudiant en business de 21 ans, y vit une opportunité. Il découvrit une faille permettant d'acheter des Pepsi Points pour 10 cents l'unité, et après avoir rassemblé des investisseurs, envoya un chèque de 700 008,50 $ à PepsiCo pour acquérir le jet. PepsiCo refusa l'offre, arguant du caractère humoristique de la publicité. Leonard porta alors l'affaire devant les tribunaux, cherchant à faire valoir une offre et une acceptation contractuelles.

La juge Kimba Wood, saisie de l'affaire, se rangea du côté de PepsiCo, soulignant l'absurdité et l'improbabilité de l'atterrissage d'un jet de combat dans une zone scolaire, comme le montrait la publicité. L'affaire, qui fut jugée en 1999, est souvent citée dans les écoles de droit américaines pour illustrer les principes d'assentiment mutuel et l'influence de la norme de la personne raisonnable sur la qualification d'une publicité en tant qu'offre.

L'analyse du tribunal dans l'affaire Leonard v. PepsiCo est parsemée d'observations ironiques et cinglantes qui démontrent l'absurdité de la prétention du plaignant. En qualifiant la publicité de PepsiCo comme « de toute évidence une plaisanterie » et soulignant que « l'idée de se rendre à l'école dans un avion de chasse est un fantasme exagéré d'adolescent », le tribunal a mis en lumière le caractère fantastique et humoristique de la publicité. L'image du jeune homme, qualifié de « pilote hautement improbable » à qui on pouvait à peine « confier les clés de la voiture de ses parents, encore moins à un avion du Corps des Marines des États-Unis », et son commentaire nonchalant que piloter un avion de chasse « bat certainement le bus », ont été relevés comme des indices clairs de l'intention humoristique de la publicité.

En outre, le tribunal a souligné l'absurdité logistique de l'atterrissage d'un avion de chasse dans une école, en mentionnant qu'aucune école ne fournirait d'espace d'atterrissage ni ne tolérerait les perturbations que cela entraînerait. Plus encore, la mention de la fonction militaire bien documentée du Harrier Jet dans l'attaque et la destruction de cibles, et l'idée que représenter un tel avion comme moyen de transport scolaire était clairement non sérieuse, ont renforcé l'argument de PepsiCo selon lequel l'offre était purement fictive.

La décision du tribunal a été par la suite confirmée par la Cour d'appel des États-Unis pour le deuxième circuit, qui, dans une brève opinion per curiam, a validé pour l'essentiel les raisons énoncées dans l'opinion de la juge Wood. Cette confirmation en appel a non seulement renforcé la décision initiale, mais a également souligné la nécessité pour les parties de faire preuve de bon sens et de discernement lorsqu'elles interprètent les offres publicitaires, surtout lorsqu'elles sont formulées dans un contexte humoristique ou fantastique.

L'affaire est devenue une référence dans du marketing, rappelant aux entreprises l'importance de la prudence dans la représentation de leurs offres, surtout lorsqu'elles sont formulées de manière humoristique ou extravagante.

PC PORTABLE PERDU

Imaginez un instant : vous confiez votre précieux ordinateur portable, témoin de tant de souvenirs et d'heures de travail, à une enseigne reconnue pour une petite réparation, et... il disparaît. C'est ce qui est arrivé à Raelyn Campbell en 2008, dans la capitale américaine. Et ce n'était que le début de l'histoire.

Raelyn, une femme résidant à Washington, avait confié son ordinateur à Best Buy, un géant de la vente au détail. Pas pour un caprice, mais pour une réparation simple : un bouton marche/arrêt défectueux. Coût de l'appareil ? Environ 1 100 dollars. Mais ce n'était pas le seul trésor qu'il renfermait. Entre son testament, ses déclarations de revenus, 200 albums musicaux et des données sur la rénovation de sa maison, Raelyn avait confié à Best Buy bien plus que de simples circuits imprimés.

Après quelques semaines d'attente, elle décide de prendre des nouvelles de son bien. La réponse de Best Buy la laisse pantoise : aucune trace de l'ordinateur. Les semaines passent, et Raelyn alterne entre espoir et désespoir, entre promesses non tenues de l'entreprise et la dure réalité d'un ordinateur introuvable.

Ce qui devait être une simple réparation se transforme alors en cauchemar kafkaïen. Raelyn se voit confrontée à un mur d'incompréhension. Les réponses de la chaîne sont pour le moins évasives, voire contradictoires. Un jour, on lui affirme que l'ordinateur est avec la "Geek Squad" (la filiale de services informatiques de Best Buy), le lendemain, qu'il n'a jamais quitté le magasin.

Mais là où l'histoire prend un tournant pour le moins insolite, c'est lorsque Raelyn découvre qu'un enregistrement informatique, censé être créé dès la prise en charge de l'appareil, n'a été établi qu'en juillet, soit plusieurs mois après. Pour elle, pas de doute : il s'agit d'une tentative de dissimulation de la part de l'enseigne.

Indignée et se sentant trahie, elle décide de ne pas en rester là. Si la perte matérielle est conséquente, c'est surtout la violation potentielle de sa vie privée qui l'inquiète. Entre les mains mal intentionnées, ses documents pourraient servir à une usurpation d'identité.

Le géant de la vente au détail, tentant de calmer le jeu, lui propose une compensation : le remboursement de l'ordinateur et une carte-cadeau de 500 dollars. Mais pour Raelyn, la coupe est pleine. Elle veut que justice soit faite, que Best Buy reconnaisse ses torts. Décidée, elle engage une procédure judiciaire, réclamant la coquette somme de 54 millions de dollars.

Cette somme, bien qu'astronomique, n'est pas tant destinée à remplir ses poches qu'à envoyer un message fort : les entreprises doivent être tenues responsables de leurs erreurs. Pour Raelyn, il s'agit avant tout de faire reconnaître le préjudice subi et de pousser Best Buy à revoir ses pratiques.

L'affaire, relayée par les médias, divise. Certains soutiennent Raelyn, d'autres estiment sa démarche excessive. Mais tous s'accordent sur un point : cette histoire est pour le moins... insolite.

L'affaire Campbell contre Best Buy devint rapidement le sujet brûlant de tous les médias. Un ordinateur portable perdu, cela peut arriver. Mais une demande de compensation de 54 millions de dollars ? Cela relevait de l'inédit. L'enjeu dépassait désormais largement le simple coût matériel de l'ordinateur. C'était une question de principes, de responsabilité et d'intégrité.

La salle d'audience était comble le 22 février. Raelyn Campbell, déterminée, faisait face au géant de la vente au détail, représenté par une armée d'avocats. Pour elle, cette affaire n'était pas qu'une simple quête de compensation financière. C'était une mission pour que justice soit faite, pour que les entreprises comme Best Buy comprennent l'importance de la confiance des clients.

Lors du procès, les détails de l'affaire furent méticuleusement examinés. Les mois d'attente, les réponses contradictoires, les faux enregistrements informatiques... Tout était passé au crible. Raelyn, soutenue par son avocat, insista sur l'impact émotionnel et la violation potentielle de sa vie privée. Elle rappela que son ordinateur contenait des informations sensibles, qui, entre de mauvaises mains, pourraient causer des dommages irréparables.

Best Buy, de son côté, tenta de défendre sa position. Nissa French, porte-parole de l'entreprise, déclara : "Nous avons fait ce que nous pouvions pour essayer de comprendre ce qui n'allait pas. Nous sommes évidemment gênés et déçus de n'avoir pas pu résoudre le problème de ce client." Mais était-ce suffisant pour convaincre le jury ?

Les débats furent animés. La défense de Best Buy arguait que l'offre de compensation initiale était juste et que la somme réclamée par Raelyn était excessive. De son côté, Raelyn fit valoir qu'il ne s'agissait pas seulement d'argent, mais de principes, et que Best Buy avait agi de manière irresponsable.

Le moment du verdict arriva enfin. La tension était palpable. Et contre toute attente, Best Buy fut jugé responsable. Si le montant final de la compensation n'atteignit pas les 54 millions de dollars réclamés, il dépassa de loin l'offre initiale de l'entreprise.

Au-delà du chèque embarrassant que Best Buy a dû signer, cette affaire est devenue une véritable leçon pour les grandes entreprises. Ah, la confiance des clients ! Qui aurait cru qu'elle était aussi importante ? Et l'intégrité ? Apparemment, ce n'est pas juste un mot à ajouter dans les publicités pour faire bien. Non seulement Raelyn est repartie avec une jolie somme, mais elle a aussi rappelé aux géants qu'ils ne sont pas invincibles. Il semblerait que parfois, dans le monde merveilleux des affaires, le petit David puisse donner une bonne leçon à Goliath, surtout quand Goliath oublie où il a mis les affaires de David.

CAFE A 2,9 MILLIONS DE DOLLARS

Dans l'arène de la justice, certaines affaires s'impriment dans la mémoire collective, non seulement pour leur caractère unique, mais aussi pour l'écho qu'elles trouvent dans la société. Le procès de Stella Liebeck contre

McDonald's semble, à première vue, presque farcesque : une femme trouvant son café trop chaud et réclamant près de trois millions de dollars à la multinationale. Mais le rideau se lève sur une scène bien moins amusante lorsqu'on y regarde de plus près.

Ce matin de février 1992, Stella Liebeck, une femme de 79 ans de Santa Fé, accompagnée de son petit-fils, s'aventure au Mc Drive du McDonald's d'Albuquerque, après avoir déposé son fils à l'aéroport. Ils garent la voiture pour ajouter du lait et du sucre dans le café. Cependant, le couvercle se révèle récalcitrant. Le tableau de bord en pente et l'absence de porte-gobelet compliquent la tâche. Stella, dans un acte de désespoir, coince le gobelet en styrofoam entre ses genoux et tire sur le couvercle qui cède brutalement, libérant un déluge de café brûlant sur son giron. Les flots amers s'abattent sur ses vêtements en coton, ses genoux, ses cuisses, son entrejambe, son aine, ses fesses et le siège, laissant la peau de Stella marquée par la morsure aiguë de la chaleur.

Le café, servi à une température avoisinant les 90°C, bien loin des 55°C habituels, reste en contact avec sa peau pendant plus de 90 secondes, infligeant des brûlures au deuxième degré sur 16 % de sa peau et au troisième degré sur 6 %.

La voici hospitalisée au Northside Presbyterian Hospital, d'abord pour une semaine, puis immobilisée chez elle pendant trois semaines. Le chemin de croix continue avec des greffes de peau et une convalescence qui la contraint à l'immobilité pendant plusieurs semaines. Stella est à jamais marquée, tant physiquement qu'émotionnellement. De plus, elle perd de l'embonpoint, passant de cinquante à trente-huit kilogrammes. Son chirurgien dira plus tard que c'était l'un des cas de brûlures les plus graves qu'il ait vus.

Face aux coûts médicaux astronomiques et d'autres dépenses engendrées, sa fille prenant un congé sans solde pour l'assister, Stella approche McDonald's avec humilité, cherchant à obtenir une compensation des frais médicaux restants à sa charge, environ 11 000 $, et le salaire perdu de leur fille, pour un montant total de 20 000 $. La réponse de McDonald's est un dérisoire 800 $ à titre forfaitaire.

Devant un tel affront, Stella, la victime, se voit contrainte de prendre le chemin du tribunal, lançant ainsi un procès qui se transformera en saga judiciaire, exposant les fissures dans le système de responsabilité et la négligence d'une multinationale.

Le procès, initié le 18 août 1994, se transforme rapidement en un spectacle judiciaire captivant. Les débats dévoilent l'attitude condamnable de McDonald's, qui servait sciemment le café à une température dangereusement élevée, entre 82 °C et 90 °C, afin de garantir sa chaleur jusqu'au bureau des consommateurs. Un liquide à cette température cause des brûlures au deuxième et troisième degrés en quelques secondes, un fait apparemment négligé par la multinationale. De plus, il est révélé que McDonald's avait déjà reçu plus de 700 rapports de brûlures graves entre 1982 et 1992, ce qui n'avait pourtant pas conduit à une réévaluation de leurs pratiques.

L'attitude de McDonald's ne se limitait pas à la négligence. La défense, déployée avec une puissance financière et médiatique écrasante, s'employait à dépeindre Stella comme une profiteuse, cherchant à tirer profit d'un incident malheureux. Les médias, nourris par des narratifs savamment orchestrés, s'emploient à dépeindre Stella comme l'incarnation de l'avidité, tournant en ridicule sa quête de justice. Le visage de la victime est ainsi brouillé, remplacé par l'avatar d'une opportuniste.

Cependant, le jury voit au-delà de cette façade. Ils discernent la souffrance réelle de Stella et la négligence flagrante de McDonald's. Le 18 août 1994, le verdict tombe comme un couperet : McDonald's est déclaré responsable à hauteur de 80 %, et Stella à hauteur de 20 %. Les dommages-intérêts sont fixés à 200 000 $, réduits à 160 000 $ après prise en compte de la part de responsabilité de Stella, et à cela s'ajoutent 2.7 millions de dollars de dommages punitifs. Cependant, le montant est réduit à 640 000 $ par le juge, et après appel, une transaction est conclue pour un montant non révélé, estimé à environ 300 000 $.

La vie de Stella après le procès est loin d'être dorée. Elle meurt le 5 août 2004, à l'âge de 91 ans, après des années de souffrance et une qualité de vie largement dégradée. Les dommages-intérêts obtenus n'ont servi qu'à couvrir ses frais médicaux et les soins à domicile dans les derniers jours de sa vie.

En conclusion, l'affaire Stella Liebeck contre McDonald's se dresse comme un monument d'ironie amère. Une femme âgée, victime d'une négligence corporative, est transformée en bouffon dans un spectacle judiciaire orchestré par un géant de l'industrie. McDonald's, le monstre froid, continue de régner sur son empire de fast-food, tandis que Stella, la pauvre victime, repose en paix, laissant derrière elle l'écho d'une quête de justice dans un monde souvent indifférent aux souffrances des individus. Le rideau tombe, mais l'écho du drame persiste, rappelant la complexité et souvent l'injustice de la bataille entre le petit et le puissant.

METTRE LE DOIGT DANS L'ENGRENAGE JUDICIAIRE

Dans l'océan des querelles judiciaires, certaines histoires se distinguent par leur caractère loufoque, quasi-fictionnel. L'une d'elles a vu le jour le 22 mars 2005, dans un restaurant de la chaîne Wendy's en Californie, où Anna Ayala et son mari, Jaime Plascencia, décidèrent de se sustenter. La commande était simple, un bol de chili pour Anna. Mais la dégustation tourna au cauchemar lorsqu'Anna prétendit avoir croqué dans un doigt humain dissimulé dans son plat. La réaction en chaîne qui suivit ce récit fut tout aussi croustillante que le prétendu contenu de son bol.

Wendy's International, pris dans la tourmente d'une histoire à faire frémir, mit le paquet pour démêler le vrai du faux. Ils engagèrent des enquêteurs privés et proposèrent une récompense de 50 000 dollars, somme qui doubla quelques jours plus tard, pour toute information sur le mystérieux propriétaire du doigt. Le standard téléphonique dédié à la collecte d'informations surchauffa, recevant des témoignages des quatre coins du pays, des individus ayant perdu un doigt ou connaissant quelqu'un dans cette fâcheuse situation. L'une des pistes les plus exotiques mena à un refuge pour animaux au Texas, où une femme du Nevada avait perdu le bout de son doigt, mordu par un léopard. Toutefois, cette piste fut rapidement écartée.

Tandis que les enquêteurs cherchaient à reconstituer le puzzle, le passé litigieux d'Anna Ayala refaisait surface, révélant une série de procès contre diverses sociétés. Son appétit pour la justice semblait insatiable, allant d'un procès pour harcèlement sexuel en 1998 à une action en justice contre General Motors Corp., Goodyear Tire Corp. et un concessionnaire automobile, tous réputés responsables d'un accident la mettant en cause. Cette dernière fut rejetée, mais cela n'entacha pas l'ardeur d'Anna pour les tribunaux.

Ayala, non démontée par les révélations médiatiques, engagea un avocat et lança une plainte contre le propriétaire de la franchise Wendy's. La bataille juridique était lancée, mais le destin réservait encore bien des surprises à notre duo de plaignants.

La mécanique judiciaire enclenchée, la demeure d'Anna à Las Vegas fut perquisitionnée, la pression montait. Elle rétropédala sur ses menaces de poursuites, évoquant un stress insoutenable. Cependant, les indices s'accumulaient contre le couple, les autorités conclurent rapidement à une tentative d'escroquerie, d'autant plus que le doigt n'avait pas été cuit avec le chili. Des tests médico-légaux démontrèrent qu'Anna n'avait jamais mâchouillé le doigt comme elle l'avait prétendu.

Le mystérieux doigt fut finalement identifié. Il appartenait à Brian Rossiter, un collègue de Plascencia, qui avait perdu son doigt dans un accident de travail. Plascencia lui avait acheté pour la modique somme de 100 dollars.

Ayala admit finalement la supercherie. Ils avaient planifié le canular pour obtenir une compensation financière, sans viser spécifiquement Wendy's. Cependant, les retombées furent dévastatrices pour la chaîne, qui perdit plus de 20 millions de dollars suite à la mauvaise presse engendrée par le scandale, et dut licencier des dizaines d'employés en Californie.

Les masques tombèrent et le couple plaida coupable aux accusations de complot et de tentative de vol qualifié avec des dommages dépassant 2,5 millions de dollars. Anna fut condamnée à 9 ans de prison et son mari à 12 ans. Ils furent également condamnés à payer près de 21,8 millions de dollars à Wendy's International et à son propriétaire, bien que ces derniers acceptèrent de renoncer à la somme à condition que le couple ne tente pas de tirer profit de cette histoire.

L'odyssée judiciaire d'Anna Ayala prit une tournure encore plus extravagante après sa libération anticipée pour bonne conduite, suite à l'affaire du "doigt dans le chili". À peine avait-elle retrouvé l'air libre, qu'un nouvel incident la replongea dans l'arène judiciaire. Cette fois-ci, le drame se jouait au sein même de sa famille.

Peu de temps après sa libération, son fils, Guadalupe Reyes, se trouva au cœur d'un incident fâcheux. Condamné pour cambriolage, Reyes n'avait pas l'autorisation de posséder une arme à feu. Cependant, le destin en décida autrement et un jour, Reyes s'accidenta en se tirant dessus. Anna, loin d'être découragée par son passé judiciaire tumultueux, décida de prendre les choses en main pour protéger son fils des retombées légales. Elle concocta un scénario rocambolesque où des agresseurs mystérieux auraient tiré sur son fils sans raison apparente.

Avec un souci du détail qui frisait l'audace, Anna fournissait des descriptions précises des prétendus agresseurs. L'un d'eux était décrit portant une casquette noire des As d'Oakland et des chaussures Air Jordan, tandis qu'un autre était un individu connu sous le pseudonyme de "Cruz", arborant une barbichette et des oreilles remarquablement grandes. Elle alla même jusqu'à proposer un nom de famille possible pour l'un des agresseurs fictifs.

Les enquêteurs, piqués au vif, suivirent la piste mais ne tardèrent pas à découvrir l'incohérence du récit. Confronté, Reyes avoua finalement la vérité, mettant sa mère dans l'embarras. L'édifice de mensonges s'effondra et Anna se retrouva de nouveau face à la justice. Elle fut condamnée à purger deux années supplémentaires de prison pour complicité, faux rapport et possession d'une arme à feu par un criminel, car elle avait aidé son fils à se débarrasser de l'arme incriminée.

RECORDMAN DES PROCES

Dans le monde souvent prévisible du droit, certains individus se démarquent par une singularité étonnante. L'un d'eux est sans doute Jonathan Lee Richesses, natif de Philadelphie. Connu dans le microcosme judiciaire américain comme un fraudeur insatiable, Richesses est devenu célèbre pour sa soif inextinguible de litiges. Sa carrière en tant que plaignant auto-désigné a débuté le 8 janvier 2006, date à laquelle il a embarqué dans un voyage judiciaire sans fin, déposant plus de 2600 poursuites dans les tribunaux de district fédéraux à travers le pays.

Les cibles de ses procès étaient aussi diverses que surprenantes. Des figures notoires telles que l'ex-président George W. Bush, l'entrepreneur Steve Jobs, ou encore la pop-star Britney Spears, ont été « honorées » par l'attention juridique de Richesses. Mais sa quête ne s'arrêtait pas aux vivants ou aux humains. Il a également poursuivi le « Parti national-socialiste d'Adolf Hitler », les « 13 tribus d'Israël ». Un procès, dans lequel George W. Bush était le premier accusé, inclut également 783 autres accusés. Parmi eux, Platon, Nostradamus, Che Guevara, James Hoffa, « Divers moines bouddhistes », tous survivants de l'Holocauste, le Lincoln Memorial, la Tour Eiffel, l'USS Cole, le livre Mein Kampf, le jardin d'Eden, l'Empire romain, le sentier des Appalaches, Plymouth Rock, le Saint Graal, les dieux nordiques, la planète naine Pluton et tout l'accident de Three Mile Island.

L'apogée de cette saga judiciaire intervint en mai 2009, quand Richesses s'est tourné contre le Livre Guinness des records. Sa revendication ? Empêcher le livre de le classer comme « l'individu le plus litigieux de l'histoire ». Une distinction qui, selon la porte-parole de Guinness, Sara Wilcox, n'existait pas et n'était pas prévue d'exister. L'action, bien entendu, fut rejetée, comme la majorité des dossiers déposés par Richesses.

PRISON POUR 2 DOLLARS

Dans le coeur tumultueux de New York, où chaque coin de rue abrite des histoires tantôt tristes, tantôt humoristiques, voire carrément ironiques, se joue un épisode judiciaire qui confine à l'absurde. Un homme du Queens, Aitabdel Salem, va devenir le protagoniste malgré lui d'une saga judiciaire qui ferait rire les dieux du destin, si ces derniers avaient un sens de l'humour aussi tordu que le nôtre.

La scène s'ouvre en novembre 2014, dans l'enceinte chatoyante d'une boutique Zara du district de Flatiron. M. Salem, 41 ans, un simple citoyen, tombe sous le coup d'une accusation de vol après une altercation sur un manteau. La situation dégénère, et les menottes cliquètent aux poignets de Salem, désormais accusé d'avoir agressé un officier du NYPD. La justice, dans son élan de rigueur, fixe la caution de Salem à 25 000 dollars. Pour l'homme du Queens, la liberté a soudain un prix, un prix qu'il ne peut payer.

Les rouages du système judiciaire grondent et tournent, et Salem se retrouve à Rikers Island, un lieu où l'ironie du sort se mesure en barreaux de cellule. Mais voilà que le destin, dans un sursaut de clémence ou de moquerie, fait tourner les dés en faveur de Salem. Les procureurs échouent à obtenir un acte d'accusation pour l'agression, et le 28 novembre, la caution pour l'agression est levée. Toutefois, les dieux du destin, ces farceurs notoires, laissent derrière eux une petite surprise pour M. Salem. Une caution résiduelle de 2 petits dollars demeure pour deux infractions mineures. Une somme dérisoire, mais aux yeux de la loi, c'est le prix de la liberté pour Salem.

Les jours s'étirent en semaines, les semaines en mois, et l'homme du Queens reste enchaîné à l'île, ignorant que la clé de sa liberté est à portée de main, au fond de sa poche, cachée sous quelques pièces de monnaie. L'ironie du sort tourne au ridicule, alors que Salem, dans l'ignorance totale, continue de marquer le temps au rythme des jours et des nuits dans la froideur de sa cellule.

Pendant ce temps, les roues de la justice continuent de tourner, lentement, inexorablement. Les avocats passent, les juges aussi, et la saga de Salem sombre dans l'oubli administratif. Mais l'homme du Queens, loin de se douter que la liberté ne coûte que le prix d'un café, attend patiemment que la justice desserre son étreinte.

Dans les couloirs silencieux du tribunal, le dossier de Salem prend la poussière, attendant que quelqu'un, quelque part, réalise l'absurde ironie du sort qui a placé un homme derrière les barreaux pour une somme que l'on dépense quotidiennement en futilités. Et pendant que le soleil se lève et se couche sur la ville qui ne dort jamais, la saga judiciaire de Salem continue de s'écrire, ligne par ligne, dans l'indifférence quasi générale...

Dans le théâtre kafkaïen de la justice new-yorkaise, l'affaire d'Aitabdel Salem ressemble à une farce sombre, où la vérité est éclipsée par l'absurdité des procédures. L'acte II de cette tragi-comédie débute lorsque les nouveaux avocats de Salem, Glenn Hardy et Theodore Goldbergh, prennent la relève. Ils découvrent avec stupéfaction que leur client ignorait la modique somme qui le séparait de la liberté. Ils se mettent en quête de la vérité, une quête qui les mène à une lettre, celle qui aurait dû informer Salem de sa prochaine date d'audience.

Mais, oh cruel destin, la lettre ne parvient jamais à Salem. Elle est retournée à l'expéditeur, tamponnée d'un froid « Retour à l'expéditeur » par le bureau de poste. Cette lettre, semblable à une bouteille jetée à la mer dans l'espoir d'un sauvetage, échoue avant même de quitter le rivage. Elle symbolise l'échec du système à communiquer un élément crucial à Salem, le laissant naviguer à l'aveugle dans les eaux tumultueuses de la justice.

Les avocats de Salem, indignés, pointent du doigt cette défaillance. Ils argumentent que leur client a été laissé dans l'ignorance, une ignorance qui le maintenait derrière les barreaux. Ils dénoncent l'ironie amère d'un système qui, tout en prétendant chercher la vérité, garde un homme enchaîné pour une somme dérisoire et une lettre égarée.

Lors de l'audience, ils plaident avec véhémence, exposant l'injustice flagrante. Ils rappellent l'absurdité d'un homme restant incarcéré pour une caution moindre que le prix d'un timbre postal. Ils demandent justice, une justice qui semble échapper à Salem comme l'eau entre les doigts.

Mais la roue du destin tourne sans pitié. Salem, accusé d'avoir manqué son audience, voit sa caution dans l'affaire Zara bondir à 30 000 dollars. De plus, des accusations supplémentaires s'empilent contre lui, éloignant davantage l'éventualité d'une liberté retrouvée.

Tandis que le rideau se ferme sur cette farce judiciaire, Salem reste confiné derrière les barbelés de Rikers Island, le seul détenu à ignorer que le prix de la liberté coûte moins cher que le timbre de la lettre qu'il n'a jamais reçue.

LA POULE EST UN ANIMAL STUPIDE

Dans le calme paisible du lieu-dit La Rochette, au sein du village de Sallèdes situé dans le département du Puy-de-Dôme, une affaire judiciaire a vu le jour, mettant en lumière les frictions entre des voisins, due au caractère rustique et rural de leur environnement. Un des résidents, le sieur Rougier, trouve son quotidien perturbé par le caquètement des gallinacés appartenant à son voisin. L'irritation se transforme en litige, et le tribunal de grande instance est saisi pour résoudre cette discordance bucolique.

En plus du caquètement, le sieur Rougier se plaint également d'un dépôt de fumier voisin, dont l'écoulement de purin représente pour lui une nuisance supplémentaire. Sur ce point, une expertise est ordonnée, et elle révèle que le dépôt de fumier n'est pas conforme aux normes sanitaires, et que les "stagnations, odeurs et désordres accessoires" causent un trouble dépassant les inconvénients normaux du voisinage. Une décision est rendue, condamnant le propriétaire du dépôt de fumier à le mettre en conformité avec les préconisations de l'expert.

Concernant le poulailler, le sieur Rougier décide d'intenter une deuxième action. Le tribunal de grande instance de Clermont-Ferrand, au terme de la procédure, condamne le propriétaire du poulailler à verser à son voisin la somme de 2 000 francs en réparation du préjudice, sur les 20 000 francs demandés, et ordonne la destruction du poulailler sous peine d'une astreinte de 100 francs par jour de retard.

Insatisfait de cette décision, le propriétaire du poulailler décide de faire appel. C'est ainsi que l'affaire se retrouve devant la cour d'appel de Riom. Les juges d'appel, avec une verve singulière, prennent une position humoristique et poétique pour traiter du litige. Dans un élan de lyrisme juridique, ils rendent un arrêt qui est devenu célèbre pour son style :

> "Attendu que la poule est un animal anodin et stupide, au point que nul n'est encore parvenu à le dresser, pas même un cirque chinois ; que son voisinage comporte beaucoup de silence, quelques tendres gloussements et des caquètements qui vont du joyeux (ponte d'un œuf) au serein (dégustation d'un ver de terre) en passant par l'affolé (vue d'un renard) ; que ce paisible voisinage n'a jamais incommodé que ceux qui, pour d'autres motifs, nourrissent du courroux à l'égard des propriétaires de ces gallinacés ; que la cour ne jugera pas que le bateau importune le marin, la farine le boulanger, le violon le chef d'orchestre, et la poule un habitant du lieu-dit La Rochette, village de Sallèdes (402 âmes) dans le département du Puy-de-Dôme.
>
> Par ces motifs : Statuant publiquement et contradictoirement, infirme le jugement, déboute le sieur Rougier de son action et le condamne aux dépens
>
> CA Riom, 1re ch. civile section 1, 7 sept. 1995"

Cet arrêt, bien que haut en couleur, ne met pas fin au litige. Le voisin mécontent, persistant dans sa quête de tranquillité, forme un pourvoi en cassation. La Cour de cassation, moins encline à la poésie, casse l'arrêt de la cour d'appel. Elle reproche aux juges d'appel leurs considérations générales, éloignées des faits de l'espèce, et rappelle le principe selon lequel nul ne doit causer à autrui un trouble anormal de voisinage.

L'arrêt de la cour d'appel de Riom, bien que cassé, reste gravé dans les mémoires des juristes et du grand public, illustrant avec humour les frictions entre les néoruraux et la vie campagnarde traditionnelle.

TROP LAIDE POUR ETRE VIOLEE

Ancône, mars 2015. L'histoire débute avec une jeune fille de 22 ans, d'origine péruvienne, que nous nommerons Nina, afin de préserver son anonymat. Accompagnée de sa mère, elle se rend à l'hôpital pour déclarer les violences sexuelles qu'elle aurait subies quelques jours auparavant de la part d'un ami du même âge. Ah, les soirées entre amis, ces moments de convivialité où l'on partage des rires, des confidences et, apparemment, des expériences bien plus troublantes.

Revenons sur les circonstances de cette soirée. Nina, en compagnie de deux amis, décide de se rendre à l'école du soir après les cours. Après tout, quoi de mieux que d'assouvir sa soif de connaissances en compagnie de personnes de confiance ? Cependant, le destin en a décidé autrement. Le trio décide de trinquer avec une bière, puis deux, puis plusieurs autres. Les esprits s'échauffent, les inhibitions s'envolent et les limites deviennent floues.

C'est à ce moment-là que les choses prennent une tournure inattendue. Nina et l'un de ses compagnons de soirée se séparent à plusieurs reprises pour vivre des moments intimes. Selon les accusés, ces échanges étaient consensuels, une simple expression de leur libre volonté. Cependant, selon la partie plaignante, à un certain point, ces actes ont cessé d'être consensuels, en raison d'un excès d'alcool et d'un changement manifeste d'opinion. Les médecins ont d'ailleurs constaté des blessures compatibles avec une agression sexuelle, ainsi qu'une quantité anormalement élevée de benzodiazépines dans le sang de la victime, qu'elle affirme n'avoir jamais consommées.

Maintenant, imaginez-vous la scène. Deux jeunes hommes accusés de violences sexuelles, une jeune femme qui se bat pour faire valoir sa vérité, et une justice qui doit trancher. C'est là que les choses prennent une tournure surréaliste. Acquittement. Oui, vous avez bien lu. Acquittement des deux accusés en Italie. Pourquoi ? Parce que la victime était trop "laide". Trop masculine. Pas très attrayante, semble-t-il. Selon les juges, il est donc peu probable qu'elle ait été violée. Au lieu de cela, il serait plus plausible qu'elle ait tout simplement inventé cette histoire. Une logique qui serait déjà indigne dans un bar, mais qui, incroyablement, a été couchée sur le papier par trois femmes juges.

Et ce n'est pas tout, les trois membres du collège se permettent des commentaires et des évaluations physiques, peut-être en oubliant que leur rôle est celui de juges et non de jurés d'un concours de beauté. Tellement qu'ils en viennent à écrire dans les conclusions de la sentence que "en fin de compte, on ne peut pas exclure que ce soit Nina elle-même qui ait organisé cette soirée "goliardica" (une soirée étudiante festive), trouvant une excuse avec sa mère, en buvant autant que les autres pour ensuite commencer à provoquer Melendez (à qui la jeune fille ne plaisait pas du tout, au point d'avoir enregistré son numéro de téléphone sous le nom de "Le Viking", en référence à une personnalité loin d'être féminine mais plutôt masculine, comme le confirme une photo présente dans le dossier du procès) et le poussant à avoir des relations sexuelles dans un esprit de "défi". En d'autres termes, les accusés doivent être acquittés, c'est ce qu'avaient décidé les trois femmes juges italiennes. Parce que Nina, selon eux, ne pouvait pas être désirée : elle ressemblait à un garçon, qui plus est un garçon pas très beau.

Pardon, ai-je bien entendu ? Laide ? Viking ? Plus moche qu'un garçon ? La beauté physique devient donc le critère déterminant pour évaluer la crédibilité d'une victime et prononcer un verdict ? On se croirait presque dans une pièce de théâtre absurde et de mauvais goût où les protagonistes sont jugés non pas sur la base de preuves tangibles, mais sur leur apparence. Shakespeare lui-même aurait été stupéfait par une telle tragédie.

Mais ne vous inquiétez pas, l'histoire ne s'arrête pas là. Les rebondissements et les absurdités sont loin d'être terminés. La suite de cette saga judiciaire insolite, où justice et misogynie semblent danser un tango surréaliste.

Le procès de Nina, marqué par l'absurdité et la misogynie, a suscité un tollé général. Les médias se sont emparés de l'affaire, dénonçant le verdict et mettant en lumière les préjugés sexistes qui semblent avoir influencé la décision des juges. Les réseaux sociaux se sont également enflammés, avec des hashtags tels que #JusticePourNina et #BelieveSurvivors, exprimant la solidarité envers la jeune femme et demandant un nouveau procès équitable.

Face à cette vague d'indignation, une lueur d'espoir a émergé. Des associations de défense des droits des femmes et des mouvements féministes ont pris le relais, déterminés à obtenir justice pour Nina et à faire reconnaître l'importance de la présomption d'innocence et de la protection des victimes de violences sexuelles.

Leur mobilisation a porté ses fruits. Le cas de Nina a été réexaminé en appel, suscitant cette fois-ci une attention plus minutieuse et un examen plus approfondi des preuves et des témoignages. Les experts médicaux ont apporté des éléments cruciaux, confirmant les blessures de la victime et réfutant les arguments avancés par la défense.

Le nouveau procès a également révélé des témoignages jusqu'alors négligés. Des amis proches de Nina ont pris la parole, affirmant qu'elle avait exprimé son malaise dès le lendemain de la soirée, décrivant des signes de détresse émotionnelle et des changements de comportement significatifs. Ces témoignages ont mis en évidence la difficulté pour les victimes de violences sexuelles de parler ouvertement de leur expérience et de trouver le soutien nécessaire.

Dans une tournure inattendue, l'un des accusés a finalement avoué sa culpabilité, reconnaissant que les actes commis étaient non consentis. Cette confession a eu un impact déterminant sur le procès et a conduit à la condamnation du coupable.

Quant au deuxième accusé, il a maintenu sa position initiale, affirmant que tout était consensuel. Cependant, les preuves et les témoignages accumulés ont finalement pesé en faveur de Nina. Les juges, cette fois-ci, ont choisi de mettre de côté les préjugés et de se concentrer sur les faits. Ils ont reconnu la crédibilité de la victime et ont prononcé un verdict de culpabilité à l'encontre du deuxième accusé.

Ah, la justice a enfin été rendue dans cette affaire rocambolesque ! Mais ne nous réjouissons pas trop vite, car il y a encore un long chemin à parcourir. L'histoire de Nina a révélé les nombreuses failles de de certains systèmes judiciaires, ainsi que l'importance cruciale de sensibiliser les juges aux violences sexuelles et aux préjugés qui les entourent. Oui, parce que juger une victime en fonction de son apparence physique plutôt que de sa valeur intérieure, eh bien, ce n'est sûrement pas la meilleure idée du monde. Imaginez un instant si tout le monde devait être jugé selon son niveau de beauté extérieure ! Les prisons seraient remplies de personnes jugées d'après leur physique peu attrayant, tandis que les monstres au cœur de pierre se pavaneraient en liberté, beaux comme des dieux.

INTERDIT DE VOLER SA PROPRE MOTO

Yann, 29 ans, avait certainement encore en mémoire cette douloureuse journée du 21 septembre 2010, date à laquelle il avait été tragiquement séparé de sa précieuse moto KTM. La vie, avec ses tours et détours imprévus, lui offrit cependant une surprise cinq ans plus tard. Alors qu'il naviguait innocemment sur Internet, il tomba des nues : sa chère moto était offerte à la vente, exposée fièrement comme un trophée sur un site marchand. Ah, les caprices du destin !

Convaincu de la nécessité de récupérer son bien, Yann ne voyait pas cela comme une simple moto, mais plutôt comme le vestige d'un chapitre révolu de sa vie. Face à cette révélation, il n'était pas question de rester les bras croisés. Avec une détermination farouche, il décida de reprendre ce qui lui appartenait.

Mais, prudent, Yann pressentait qu'il n'aurait pas affaire à un vendeur du dimanche. Imaginant peut-être un piège, et supposant, avec une pointe de préjugé, qu'il pourrait avoir affaire à des gens du voyage, il opta pour une approche moins conventionnelle. Exit la voie légale ou le simple coup de téléphone ; Yann, dans un élan d'audace, prépara une véritable opération commando.

Aidé de trois complices, car la force est toujours dans le nombre, il monta son plan. Que ce soit la perspective du ronronnement familier de la moto ou le frisson d'une justice personnelle, quelque chose les poussait à aller jusqu'au bout. Leur plan comprenait un 4x4, pour le style et la praticité, et une batte de baseball, pour le côté dissuasif.

Le jour J, à Continvoir, les quatre hommes arrivèrent, débordant de détermination. Cependant, comme dans toutes bonnes histoires, rien ne se déroula comme sur le papier. Ce qui aurait pu être une simple transaction virait à l'affrontement épique : une course-poursuite endiablée, des échanges houleux, et au cœur du tumulte, la moto, sans doute perplexe face à cette attention soudaine.

Et pendant ce chaos, on aurait presque pu entendre, quelque part, la voix ironique de la présidente Madec : "Des objets volés peuvent se trouver dans des mains de personnes de bonne foi". Si seulement Yann avait eu vent de cette sagesse avant de se lancer tête baissée dans cette épopée !

Après les péripéties de Continvoir, un rendez-vous moins trépidant mais tout aussi crucial attendait Yann : celui avec la justice. Et même si dans l'imaginaire collectif, Robin des Bois reste une figure emblématique, notre époque est moins encline à applaudir les justiciers autoproclamés.

Le vendeur, pour sa part, se tenait droit comme un i. Selon lui, tout était en ordre : la moto avait été achetée de bonne foi, sans aucune intention malicieuse. Et pour appuyer ses dires, des preuves tangibles : "Les numéros de série ne sont pas maquillés, la clé existe", clamait-il. Autant de détails qui, dans l'esprit du tribunal, le plaçaient davantage dans la catégorie "victime" que "complice".

Yann, lui, oscillait entre indignation et frustration. Chaque fois qu'il tentait de faire valoir ses droits, rappelant sa plainte antérieure et les factures qui prouvaient sa propriété, il se heurtait à un mur d'incompréhension. La loi, cette entité abstraite et implacable, semblait avoir choisi son camp.

Et même si la situation était ironiquement cocasse — un homme tentant de récupérer ce qui lui a été volé est accusé de vol — l'humour n'avait guère sa place entre les murs solennels du tribunal. Les arguments fusèrent de part et d'autre. L'avocat général, Élise Tamil, brossa un tableau peu flatteur de l'expédition punitive de Yann, pendant que la défense de ce dernier tentait tant bien que mal de remettre les pendules à l'heure.

En première instance, la sentence de Yann tomba. Quatre mois avec sursis, 300 € d'amende. Et comme si cela ne suffisait pas, le tribunal estimait que Yann et sa bande devaient dédommager le vendeur pour les préjudices causés. Pour Yann, l'injustice était à son comble. Lui qui cherchait à réparer un tort se retrouvait doublement lésé.

Il tenta bien sûr de défendre son point de vue. Les factures, la plainte déposée, tout attestait de sa bonne foi. Mais face à lui, le parquet et la défense du vendeur n'avaient qu'un argument : on ne se fait pas justice soi-même. Surtout pas en montant une opération commando digne d'un film d'action.

L'affaire, qui aurait pu se résumer à une simple mésaventure, prit alors une tournure juridique complexe. Entre propriété, légitimité, et le droit de reprendre ce qui vous appartient, la ligne était mince.

Mais si Yann avait pensé que la justice serait de son côté, il allait être déçu. Malgré ses arguments, le tribunal confirmait la première décision. Seule concession : la non-inscription de la condamnation sur son casier judiciaire.

Une moto, un vol, une tentative de récupération, et voilà comment une histoire simple devient une épopée judiciaire. Mais comme on dit souvent, tout est bien qui finit bien. Enfin, pas toujours. Pas pour Yann en tout cas.

PRISON POUR S'ETRE FAIT VIOLE

Dans les méandres du système judiciaire tunisien, une histoire à la fois tragique et absurde s'est déroulée en 2019, mettant en lumière les contradictions et les injustices qui persistent dans la société. Tout a commencé lorsque cet homme courageux de 26 ans a osé franchir les portes d'un commissariat pour dénoncer un viol. Mais sa quête de justice a pris une tournure inattendue et cauchemardesque.

Après avoir accepté un rendez-vous via Facebook avec un homme, notre protagoniste s'est retrouvé confronté à une réalité bien différente de celle à laquelle il s'attendait. Au lieu de rencontrer son rendez-vous, il a été accueilli par deux individus qui l'ont agressé, violé et dérobé ses biens. Brisé et traumatisé, il a rassemblé tout son courage pour se rendre immédiatement au commissariat et signaler ces actes atroces.

Cependant, dès son arrivée au poste de police, il a été balloté de procédure en procédure, englué dans un système kafkaïen où les notions de droit et de justice semblaient s'effacer. Au lieu d'être écouté et soutenu, il a été soumis à des épreuves aussi absurdes qu'humiliantes. Le procureur a ordonné un test anal, une pratique controversée utilisée pour remettre en question la légitimité des plaintes pour viol dans le pays.

Dans un renversement de situation aussi ironique que tragique, la victime est devenue l'accusé. Au lieu de recevoir compassion et réparation, il a été condamné à six mois de prison pour sodomie et deux mois supplémentaires pour dénonciations calomnieuses. Le parquet de Sfax a prétendu que ce n'était pas un viol, mais simplement une dispute entre homosexuels survenue après une relation sexuelle consentie.

Les deux autres hommes impliqués ont quant à eux été condamnés à six mois de prison chacun pour sodomie, quinze jours pour violences, et un mois et demi pour vol. Cette condamnation soulève des interrogations sur la proportionnalité des peines et sur le traitement différencié des accusés dans cette affaire.

PERROQUET TEMOIN

En 2014, l'Inde, ce géant endormi aux mille et une épices, était sur le point de révéler une histoire qui ferait frissonner plus d'une ménagère et rougir plus d'un perroquet. Ashutosh Goswami, 36 ans, s'était lancé dans une aventure criminelle qui le conduirait non seulement dans l'antre sombre de la justice, mais aussi sous les feux des projecteurs médiatiques. La soirée du 20 février 2014 était le prélude de ce drame, et le décor était planté dans la ville paisible de Firozabad. Vijay Sharma, le patriarche, assistait à un mariage en compagnie de son fils Rajesh et de sa fille Nivedita, laissant derrière lui son épouse Neelam, leur fils handicapé et son père âgé de 92 ans.

Ce jour fatidique, tandis que les festivités battaient leur plein, Ashutosh et son complice décidèrent que le code moral, comme la monnaie, pouvait être flexible. Ils pénétrèrent dans l'appartement familial, mais la tante d'Ashutosh s'est malheureusement trouvée sur leur chemin. Ils l'ont éliminée avec une brutalité que même le scénariste le plus sombre aurait eu du mal à imaginer, assénant 14 coups de couteau. Mais nos compères n'avaient pas prévu un témoin avec des plumes et un bec, le fidèle perroquet de la famille qui observait silencieusement chaque mouvement des criminels avec attention.

L'assassinat avait laissé un vide profond dans la famille Sharma, et le perroquet de Vijay en était le témoin muet. Après l'événement dramatique, l'animal ne voulait ni manger ni boire et avait cessé de parler. Son propriétaire a alors soupçonné que l'oiseau avait peut-être vu le meurtre se produire. Lorsqu'il a commencé à énumérer les noms des suspects un par un, l'animal a paniqué en entendant le nom du cousin du couple. Il s'est mis à crier son nom "Ashu, Ashu".

Le perroquet, ce vigile à plumes, semblait avoir un sens aigu de la justice. À chaque mention du nom "Ashu", diminutif d'Ashutosh, il entrait dans une transe paniquée, révélant ainsi, dans un langage sans paroles, l'identité du monstre qui hantait désormais ses nuits. La police, intriguée par ce comportement aviaire, a fini par arrêter Ashutosh. Et devant les forces de l'ordre, notre perroquet a réitéré son accusation silencieuse, prononçant le nom du suspect avec une clarté accusatrice.

L'arrestation d'Ashutosh a été un moment décisif, non seulement pour l'enquête en cours, mais aussi pour la famille Sharma. Le perroquet avait, en quelque sorte, rendu l'espoir à cette famille meurtrie. Lors de l'interrogatoire, Ashutosh a fini par avouer, rendant la justice non pas seulement aux humains présents, mais aussi à notre ami ailé. Cependant, le témoignage du perroquet n'a pas été retenu par la loi indienne, une lacune juridique qui a provoqué plus d'un sourire ironique dans le tribunal. Mais la justice a fini par prévaloir, et Ashutosh avec son complice ont été condamnés à la réclusion à perpétuité. Le perroquet, quant à lui, est devenu un héros local, prouvant que parfois, la justice a des ailes.

"Ashu" était un enfant de la famille Sharma. Selon la fille de la victime, il avait même reçu une bourse d'études de la part de Vijay Sharma. Il savait également où étaient entreposés l'argent et les bijoux. Selon elle, il a poignardé sa mère 14 fois avec un couteau et le chien neuf fois, ce qui indique bien qu'il voulait tuer en plus de voler. La trahison était d'une profondeur abyssale, coupant à travers les liens du sang et de la confiance avec la même facilité qu'un couteau à travers le beurre.

Au cours du procès, le veuf de la victime, Vijay Sharma a déclaré avoir commencé à douter du membre de sa famille car il n'était pas venu le voir juste après le meurtre. Lorsque l'homme s'est finalement présenté à lui, il semblait avoir des blessures aux mains. Il n'a cessé de modifier son récit sur l'origine de ces blessures. Il a également été établi que certains voisins avaient vu les deux auteurs sortir de la maison de la famille Sharma le jour du meurtre.

Le tribunal a condamné Ashutosh Goswami et son complice Ronnie Massy à la prison à perpétuité. Ils ont également été condamnés à une amende d'environ 800 euros. La famille avait demandé la peine de mort, mais la justice avait choisi un chemin moins absolue.

Vijay Sharma n'a malheureusement pas pu assister au procès, puisqu'il est décédé en novembre 2020 lors de la pandémie de Covid-19. Le perroquet n'est plus en vie non plus. Il est mort six mois après les faits, après avoir joué un rôle crucial dans la quête de justice de la famille Sharma. Dans ce drame judiciaire, il semble que notre perroquet ait eu le dernier mot, en clouant le bec à la perfidie.

FAUX AVOCAT MAIS VRAI PROCES

L'odyssée judiciaire de Brian Mwenda sonne comme un scénario d'un film de comédie, mais c'est l'incroyable réalité qui s'est jouée sur la scène de la justice kenyane. Imaginez un jeune homme, sans le moindre diplôme en droit, qui se réveille un beau matin et décide de devenir avocat. Cela pourrait sembler une ambition lointaine pour beaucoup, mais pas pour notre cher Brian. Avec un mélange audacieux d'ingéniosité et d'insouciance, il a décidé d'emprunter un raccourci qui l'a propulsé dans l'arène juridique, déguisé en chevalier de la justice.

Tout a commencé avec un acte de piratage informatique qui serait digne des meilleurs thrillers. Brian, armé d'une connaissance en informatique, a infiltré le site web de la première association d'avocats du pays. Il a usurpé l'identité d'un avocat en exercice, modifiant les détails du compte et la photo du profil comme s'il retouchait un portrait désuet. Le voilà soudainement transformé en un avocat avec une licence pour plaider.

Puis vint l'acte suivant de cette comédie juridique. Brian s'est présenté devant les tribunaux, plaidant avec une telle éloquence et une compréhension des lois que même les plus perspicaces parmi les magistrats étaient loin de soupçonner la supercherie. Les victoires s'empilaient comme un château de cartes, chaque acquittement renforçant l'audace de notre faux avocat. Vingt-six procès, vingt-six victoires. Son tableau de chasse aurait fait pâlir d'envie les avocats les plus chevronnés.

Toutefois, comme toutes les bonnes choses ont une fin, le destin a finalement rattrapé Brian. Le véritable avocat, dont l'identité avait été usurpée, a découvert l'imposture en essayant de se connecter sur le site. L'alerte était donnée, et bientôt, la mascarade de Brian a été mise à nu.

Mais l'histoire ne s'arrête pas là. Le Kenya, charmé par l'audace et le génie de ce jeune imposteur, s'est trouvé divisé. L'ancien gouverneur controversé de Nairobi a pris fait et cause pour lui, tandis que le procureur demandait une enquête "approfondie et accélérée".

La dernière scène de ce drame judiciaire est encore à jouer. Un procès est en vue et si Brian se défend lui-même, qui sait, il pourrait marquer une 27e victoire, en faisant la démonstration finale de son acuité juridique non diplômée. L'ironie serait alors à son comble, et le rideau tomberait sur l'un des épisodes les plus insolites de l'histoire judiciaire kenyane.

Dans le comté tranquille d'Ottawa, une saga juridique pour le moins insolite secoue la paisible routine de la famille Werking. David, 41 ans, après un divorce houleux, avait trouvé refuge chez ses parents, Beth et Paul. C'était en 2016, et dans ses bagages, outre les cicatrices d'un mariage brisé, se cachait une collection pornographique opulente.

Pourtant, lorsque l'envie de retrouver son indépendance poussa David à déménager vers les terres prometteuses de l'Indiana, un désarroi glacial l'envahit. Sa précieuse collection, composée de douze cartons de films et de magazines érotiques, s'était évaporée dans la pudeur maternelle et paternelle. Son père, avec une franchise désarmante, lui révéla le sort réservé à ses trésors : « Franchement, David, je t'ai rendu un grand service en me débarrassant de tout ça », confia-t-il dans un élan de moralité tardive.

Mais David, loin de partager cette vision puritaine, était en émoi. La collection, estimée à plus de 25 000 dollars, était partie en fumée. Le préjudice était colossal, et David n'entendait pas laisser cet affront impuni. La justice fut appelée à la rescousse, et le fils éploré réclama des dommages-intérêts triples, poussant ainsi le montant du préjudice à l'astronomique somme de 75 000 dollars. La barre était placée haut, très haut.

Beth et Paul, dans un désarroi judiciaire, tentèrent de se défendre en avançant des arguments moraux. Ils avaient, selon leurs dires, conservé quelques « spécimens » de la collection de David, les « pires des pires », afin de prouver l'obscénité des contenus détruits. Leur avocate, Anne VanderBroek, évoqua dans les documents judiciaires l'existence de ces preuves conservées « juste au cas où ». Une précaution qui avait du sens, car certains des disques, faits maison, semblaient provenir des coins sombres de l'internet.

Les descriptions des « pochettes » des disques étaient glaçantes. Sans même y jeter un œil, l'obscénité transparaissait, évoquant la bestialité et peut-être même la pédopornographie. La situation des parents Werking se compliqua : ils ne pouvaient se débarrasser de ces objets en raison du procès, mais si la nature illégale du contenu était prouvée, ils seraient sur un terrain juridique miné.

Toutefois, le cœur du litige demeurait : Beth et Paul avaient-ils le droit de détruire cette collection, jugée obscène, mais chère à leur fils ? L'avocate, tenant dans ses mains une clé USB documentant la « pochette », était face à un dilemme juridique complexe. Les parents Werking, cherchant à éviter un naufrage judiciaire, demandèrent une ordonnance du tribunal sur la manière de procéder avec les documents, placés avec précaution dans un coffre-fort.

La première manche de ce combat familial aux enjeux financiers et moraux élevés, était lancée. L'arène judiciaire était prête à accueillir les Werking, dans une bataille où la pudeur et la loi étaient appelées à s'entrechoquer violemment.

L'affaire, déjà épineuse, prit des tournures burlesques quand on révéla l'ampleur de la collection de David. Pas moins de 1 605 vidéos pornographiques sur DVD et cassettes VHS, ainsi que cinquante accessoires sexuels. Un véritable trésor de volupté qui, dans l'esprit de David, valait bien plus que de l'or. Mais face à la justice, la question de la valeur était d'une importance cruciale. Les parents, dans une tentative désespérée, avançaient que la propriété n'avait pas une valeur suffisante pour atteindre le seuil de 75 000 $ de dommages-intérêts devant la Cour fédérale. Ils se réfugiaient derrière une légalité qui, ils l'espéraient, les sauverait de l'abîme financier.

L'argumentaire des parents était simple : ils n'avaient pas enfreint la loi car ils n'avaient pas converti la propriété pour leur propre usage. Un argument qui, bien que logique en apparence, ne tint pas devant le juge. Le juge de district américain Paul Maloney, dans un avis cinglant, déclara que la conversion illégale de la propriété pour leur "propre usage" était évidente, la motivation étant de protéger la santé mentale et émotionnelle de David. Une interprétation judiciaire qui mettait les parents Werking dans une position délicate.

Le tribunal, sans se laisser émouvoir par les larmes de crocodile des parents, trancha en faveur de David. Beth et Paul devront compenser leur fils à hauteur de 75 000 dollars, une somme qui, sans nul doute, laissera un goût amer dans la bouche de la morale parentale. David, d'autre part, pouvait désormais reconstruire sa collection, fort d'un jugement qui avalisait son droit de propriété.

En dépit des allégations des parents sur le caractère illégal de certains contenus, l'équipe chargée de fouiller la collection ne put corroborer ces dires. Les accusations de bestialité, de pédopornographie et autres horreurs restèrent des spéculations sans fondement. Le père avait bien tenté de diaboliser la collection en évoquant des scènes pornographiques avec des animaux et des mineurs, mais la justice ne put rien vérifier.

Ainsi, dans le calme comté d'Ottawa, la famille Werking, autrefois unie, se retrouvait éparpillée aux quatre vents de la morale, de la légalité et de la justice. Cette affaire a aussi prouvé qu'une collection pornographique peut, effectivement, valoir son pesant d'or... ou du moins, son pesant de désarroi parental.

FAUX JACKPOT DE MAMIE

Dans l'univers scintillant des casinos, où les fortunes sont façonnées et détruites au gré de la chance, se dévoile parfois une face sombre, celle des rêves brisés. C'est à travers l'histoire de Pauline McKee, une grand-mère joueuse, que cette réalité se révèle avec une ironie mordante.

L'aventure commence en 2011, lorsque Pauline, accompagnée de sa famille, décide de tenter sa chance au casino Isle de Waterloo. Elle ne savait pas alors que la machine à sous Miss Kitty, avec son affichage prometteur d'un jackpot de 41,8 millions de dollars, allait la propulser dans un tourbillon juridique. Le casino, invoquant un "problème informatique", refuse de lui payer la somme rêvée. Pauline, déterminée, décide de porter l'affaire devant les tribunaux.

Sa bataille juridique est empreinte d'une ironie aigre-douce. Elle porte plainte pour rupture de contrat et fraude à la consommation, arguant que le casino, ayant négligé de réparer la machine malgré les avertissements du fabricant du jeu, Aristocrat Technologies, devrait honorer le gain. Mais la justice, dans une logique froide, ne partage pas cet avis. En 2013, un tribunal donne raison au casino, et Pauline fait appel. La Cour suprême de l'Iowa, implacable, refuse le jackpot et ne lui accorde que quatre-vingt-cinq dollars. Le juge Edward Mansfield stipule que tout message indiquant un bonus de 41 millions était une "promesse gratuite" et que le non-paiement du casino ne pouvait être contesté comme une rupture de contrat.

Cette affaire, au-delà de la déception personnelle de Pauline, met en lumière la fine ligne entre l'attrait des gains rapides et la réalité juridique. C'est un écho à un avertissement bien connu dans le monde des jeux de hasard : le casino gagne toujours à la fin. Et dans ce jeu de la chance, la machine à sous Miss Kitty, qui promettait une fortune, n'offrit à Pauline qu'une leçon amère et un maigre lot de consolation de 1,85 dollar.

Avant de décéder, Pauline avait confié ne pas être surprise par le verdict. Elle avait avoué avoir abandonné l'espoir de voir le casino la payer et, depuis ce jour, elle n'avait plus jamais joué. Cette déception amère illustre cruellement l'adage populaire selon lequel, qu'importe les espoirs et les procès, le casino gagne toujours à la fin.

MENTIONS LEGALES

50 PROCÈS INSOLITES

LORSQUE LA JUSTICE RENCONTRE L'ABSURDE

Omar MERFEDJ

Éditeur : Independently Published

Imprimeur : Amazon Distribution GmbH – Allemagne

ISBN : 9798865679592

Dépôt légal : Novembre 2023

www.ingramcontent.com/pod-product-compliance
Lightning Source LLC
Chambersburg PA
CBHW062330290526
45794CB00005B/1981